Sächsische Museen · Band 20
Karl-May-Haus
Hohenstein-Ernstthal

KARL
MAY
HAUS

KARL
MAY

1842
1912

ES
SEI
FRIEDE

Karl-May-Haus

Hohenstein-Ernstthal

SÄCHSISCHE LANDESSTELLE FÜR MUSEUMSWESEN

VERLAG JANOS STEKOVICS

Diese Publikation entstand mit Unterstützung des Freistaates Sachsen –
Sächsische Landesstelle für Museumswesen.

FREISTAAT SACHSEN

SÄCHSISCHE
LANDESSTELLE FÜR MUSEUMSWESEN

Fachbereich Museumswesen I Fachbereich Volkskultur

Inhalt

Vorwort

Als das Karl-May-Haus im März 1985 als Museum in Hohenstein-Ernstthal eröffnet wurde, begleitete so mancher ungläubige Blick das Ereignis. Es wirkten damals noch die Schatten von Ignoranz und einer jahrzehntelangen Hetze gegen den berühmten Fabulierer dieser Stadt und niemand konnte sicher sein, ob nicht die allmächtige Politik der DDR wieder einmal einen Wandel verordnen würde.

Die Bedenken waren glücklicherweise unbegründet. Karl May und „Das kleine Museum mit dem großen Inhalt", wie dieses historische Weberhaus aus dem 17. Jahrhundert liebevoll genannt wird, mussten keine neuerlichen Anfeindungen ertragen, sie überstanden auch alle turbulenten Ereignisse bis in die heutige Zeit.

Die Mitglieder des Wissenschaftlichen Beirates Karl-May-Haus und die Mitarbeiter des Hauses konnten sich seitdem im Interesse von Karl May und seiner Heimatstadt auf Forschung und Recherchen zu wichtigen historischen Dokumenten konzentrieren und schufen – keineswegs ganz ohne Schwierigkeiten – ein museales Kleinod, ein inzwischen weltweit bekanntes Haus, das zu einer Attraktion für Karl-May-Fans und Touristen geworden ist.

Mit Original-Buchausgaben, Handschriften, Dokumenten und Gegenständen des täglichen Gebrauchs, mit dem Blick in den Wohn- und Arbeitsraum der Weberfamilie May macht das Karl-May-Haus in einem heimatgeschichtlich interessanten Rahmen den durchaus zwar abenteuerlichen, doch keineswegs nur romantischen Kontext spürbar, aus dem ein bis heute faszinierendes literarisches Werk entstehen konnte.

Es ist ein liebenswertes Museum geworden, das keinen künstlichen Kult um einen Schriftsteller betreibt, sondern dem Besucher einen immer noch ungemein populären Autor lebendig und anschaulich nahebringt. Ein Haus für einen Autor, der heute in Filmen, im Fernsehen, mit Bühnenaufführungen, mit Comics und, ja auch, durch gelesene Bücher nahezu täglich präsent ist.

Das Karl-May-Haus in Hohenstein-Ernstthal hat sich zu einem bedeutenden Personalmuseum entwickelt, das durch wechselnde Sonderausstellungen auch über den Rahmen des Karl-May-Bezugs hinaus attraktiv ist.

André Neubert
Museumsleiter
Karl-May-Haus

Dr. Christian Heermann
Vorsitzender –
Wissenschaftlicher Beirat
Karl-May-Haus

Das Karl-May-Haus

In einem heute rund 300 Jahre alten Weberhaus in der Karl-May-Straße 54 (vormals Niedergasse 111, danach 122, später Bahnstraße 27, dann Karl-May-Straße 14) in Hohenstein-Ernstthal im Erzgebirgsvorland wurde Karl May am 25. Februar 1842 geboren.

Die Geschichte eines alten Weberhauses

Von den Anfängen bis 1837

Vieles, was heute über die bewegte Geschichte des alten Weberhauses bekannt ist, verdanken wir dem Nestor der Karl-May-Forschung Hans Zesewitz (siehe Seite 130). Er verfolgte anhand der Kauf- und Handelsbücher von Ernstthal die Entwicklung dieses Hauses bis zum ausgehenden 17. Jahrhundert, also bis in die Entstehungszeit Ernstthals zurück. Es zeigte sich, dass an der Stelle des heutigen Museums spätestens seit 1707 ein Haus stand.

Anhand einer alten Zeichnung der Städte Hohenstein und Ernstthal aus dem Jahr 1688, also acht Jahre nach der Entstehung Ernstthals, lässt sich aber feststellen, dass bereits zu jenem Zeitpunkt am Ort des jetzigen Karl-May-Hauses ein einstöckiges Gebäude gestanden hat. Die Maysche Geburtsstätte gehört somit in Teilen zu den ältesten Gebäuden Ernstthals.

1759 wurde das Haus von der Fleischerwitwe Dorothea Börnig an den Schuhmachermeister Christlieb Schüler verkauft. Diesem ersten im alten Register verzeichneten Besitzerwechsel folg-

Zeichnung der Städte
Hohenstein und Ernstthal
von 1688

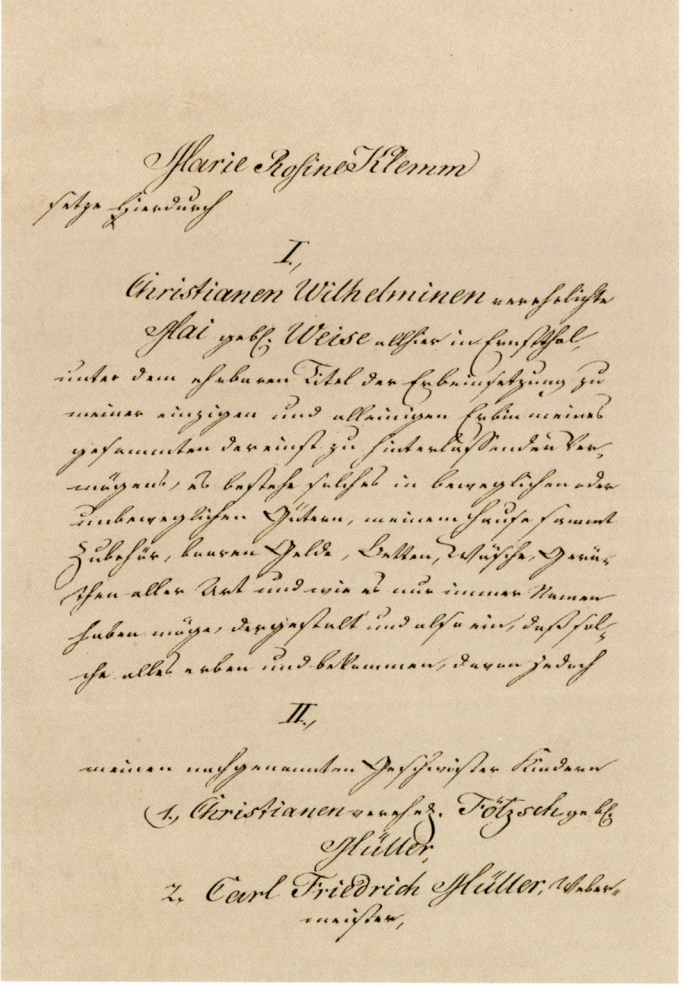

Eine Seite aus dem Testament der Marie Rosine Klemm vom 4. August 1836, in dem
Karl Mays Mutter zur Erbin des Hauses bestimmt wird

ten weitere. Zwischen 1759 und 1767 wurde das Weberhaus drei-
geschossig aufgestockt. Als Eigentümer sind 1767 der Webermeis-
ter Christian Gottlieb Klemm und seine Ehefrau Regina, geborene
Barth, registriert, ab 1791 deren Sohn mit gleichem Namen wie der
Vater und schließlich ab 1808 dessen Ehefrau Marie Rosine
Klemm, geborene Claus.

Die Jahre 1838 bis 1844

Marie Rosine Klemm vererbte das Haus und den gesamten Nachlass per Testament vom 4. August 1836 an ihre Großnichte Christiane Wilhelmine May, geborene Weise, die Mutter Karl Mays, die
in jenem Jahr den Webergesellen Heinrich August May geheiratet
hatte. Die Erblasserin, eine Schwester der Großmutter von Christiane Wilhelmine mütterlicherseits, verstarb am 2. Dezember 1837; am 2. April 1838 bekam die Universalerbin das Haus
überschrieben und am 25. Mai 1838 in Lehen übereignet. Diese
Einschränkung am Eigentum erfolgte, weil die Grafen von Schön-
burg-Hinterglauchau besondere Rechte als feudale Grund- und
Lehensherren hatten. Vom jeweiligen Besitzer erhoben sie jährlich
zwei Groschen Erbzins und andere Abgaben. Eine Hypothek, die
auf dem Haus lastete, trugen die Mays zu Beginn des Jahres 1843
ab.

Am 25. Februar 1842 abends gegen 22 Uhr kam im Haus Nie-
dergasse 122 Karl May als fünftes Kind der Familie Heinrich
August May zur Welt. Außer ihm wurden hier drei weitere
Geschwister geboren: Christiane Friederike (* 2. Mai 1839,

links: Rückansicht des Karl-May-Geburtshauses
rechts: Vorderansicht des Karl-May-Geburtshauses, um 1910

† 26. April 1841), Friedrich Wilhelm (* 15. November 1840, † 11. Januar 1841) und Christiane Wilhelmine, die später verehelichte Schöne (* 28. Mai 1844, † 30. April 1932).

Die Jahre 1845 bis 1985

Um die Hebammenausbildung der Mutter Karl Mays in Dresden finanzieren zu können, wurde das Haus am 15. April 1845 für 515 Reichstaler an den wohlhabenden Ernstthaler Webermeister Wilhelm August Stiezel verkauft. Die Familie May zog in eine Mietwohnung am Ernstthaler Markt. In seinem Geburtshaus hat Karl May somit nur die ersten drei Lebensjahre verbracht. Nach 1900 wechselten mehrfach die Besitzer des Hauses (Friedrich Wilhelm Schreiber, Gustav Schreiber, Paul Zierold). Der letzte private Eigentümer war der Textilfabrikant Alfred Münch, der im Nachbarhaus seinen Betrieb unterhielt. Erst seit den 1920er Jahren wuchs für das Geburtshaus und damit verbunden für die Geburtsstadt Karl Mays das öffentliche Interesse.

Seit dem 26. Mai 1929 befindet sich an der Vorderfront des Hauses eine Gedenktafel mit dem Porträt des Schriftstellers und

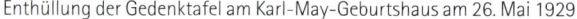

Enthüllung der Gedenktafel am Karl-May-Geburtshaus am 26. Mai 1929

Die Tafel schuf der Zwickauer Kunst-
gewerbler Carl Beyer.

der Inschrift „Volksschriftsteller Karl May wurde D. 25. 2. 1842 hier
geboren." Im Dezember des gleichen Jahres erfolgte die Umbenen-
nung des hinteren Teils der bisherigen Bahnstraße in Karl-May-
Straße. Der Teil der Bahnstraße, an der das Karl-May-Haus steht,
erhielt diese Bezeichnung erst im Februar 1932, der Rest der Bahnstraße 1935.

Der Textilbetrieb von Alfred Münch kam nach dem Zweiten
Weltkrieg zusammen mit dem Karl-May-Haus zur Webunion KG,
ab 1972 zum Betrieb Webunion und 1975 zu den volkseigenen
Möbelstoff- und Plüschwerken Hohenstein-Ernstthal. Das

Das Haus 1976, vier Jahre, bevor es
unter Denkmalschutz gestellt wurde

Die Rekonstruktionsarbeiten begannen 1983.

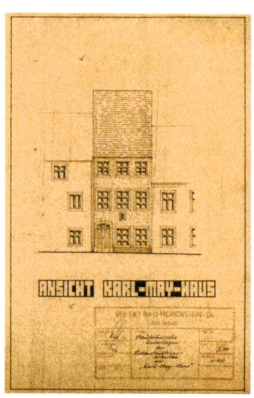

Seite aus den bautechnischen Unterlagen der
Rekonstruktionsarbeiten von 1984

Geburtshaus Karl Mays gehörte ab 1. April 1979 zum Bestand der
Gebäudewirtschaft der Stadt und blieb bis Ende September 1982
bewohnt.

1980 wurde die Geburtsstätte Karl Mays unter Denkmalschutz
gestellt und in die Kreisdenkmal-Liste vom 27. November 1980
aufgenommen.

Dieser Zeitpunkt ist durchaus bemerkenswert, da das Tot-
schweigen des Schriftstellers und Menschen Karl May durch die
Kulturpolitik der DDR auch sein Geburtshaus betraf, das nicht nur
im Schatten der weithin bekannten Rennstrecke „Sachsenring"
stand, sondern schlicht und einfach ignoriert wurde. Höchstens,

dass einmal zufällig der Festumzug von Berg- und Heimatfesten am Karl-May-Haus vorbeiführte, wie beispielsweise 1955.

Erst die frühen 1980er Jahre brachten den von May-Verehrern stets erhofften Wandel. Mit einem DEFA-Kulissenanstrich getüncht, war das Haus 1982 im DDR-Fernsehstreifen „Ich habe Winnetou begraben" zu sehen. Dieser Dokumentarfilm leitete die offizielle May-Renaissance in der DDR ein.

Als historisch zu werten ist der Beschluss des Rates des Kreises Hohenstein-Ernstthal vom 17. März 1983, der vorsah, das Haus zu einer musealen Einrichtung auszubauen. Was ignorante Kulturpolitik bis dahin verhinderte, brach sich nun Bahn, auch wenn die Begründung recht kurios anmutet: „Der gegenwärtig erreichte hohe Reifegrad des politischen Bewußtseins und die gefestigte vom Marxismus-Leninismus bestimmte weltanschauliche Basis sind eine wichtige Grundlage für die schöpferisch-kritische Aneignung des gesamten Kulturerbes. Mit dem Ausbau des Karl-May-Hauses zu einer Gedenkstätte soll das kulturelle Erbe, was uns der Schriftsteller Karl May hinterlassen hat, für eine Vertiefung des sozialistischen Heimatbewußtseins intensiv genutzt werden."

Sind diese Ziele auch wunderlich gewesen, das Ergebnis hat sich gelohnt. Aus den bautechnischen Unterlagen zu den Rekonstruktionsarbeiten am Karl-May-Haus ist ersichtlich, dass man das Vorhaben in „gleitender Projektierung" verwirklichte.

Die Arbeiten erfolgten unter denkmalpflegerischen Gesichtspunkten und bis März 1985 schufen die Handwerker unter „planwirtschaftlichen Bedingungen" ein bis auf die Außenmauern nahezu neues altes Karl-May-Haus. Das bereits halb verfallene Gebäude, dessen statischer Zustand sehr labil war, wurde zu einer Perle der Karl-May-Straße. Die Gedenkstätte zeigt aber durchaus die damaligen einfachen Wohn- und Arbeitsverhältnisse.

Am 12. März 1985 konnte Karl May wieder Besitz von seinem Geburtshaus ergreifen. Das nur 4,25 Meter breite Häuschen, durch den freiwilligen Einsatz der Mitglieder der Interessengemeinschaft Karl-May-Haus professionell ausgestaltet, öffnete sich den Besuchern. Was zu DDR-Zeiten kaum ein May-Freund vermutete: Selbst in dem kleinen Museum hatte das Ministerium für Staatssicherheit („Stasi") einen inoffiziellen Mitarbeiter („IM") bestallt.

Die Jahre seit der Museumseröffnung

Die Exposition im Museum blieb nahezu ein Jahrzehnt bestehen. Am 25. Februar 1995 wurde nach dreimonatiger Schließung wegen baulichen Veränderungen und Neugestaltung der Dauerausstellung das Karl-May-Haus wieder geöffnet.

Am 15. September 1997 musste das Museum unerwartet für den Besucherverkehr geschlossen werden. Bei geplanten Abputzarbeiten am Gebäude waren im Giebelbereich gravierende Bauwerkschäden festgestellt worden, die einen Abriss des gesamten

Sensationell war der Besucherandrang in den Tagen nach der Eröffnung des Museums (12. März 1985).

Blick in die Dauerausstellung
(1985–1995)

Dachstuhles und anschließenden Neubau unter denkmalpflegerischen Gesichtspunkten erforderten. Unter Einbeziehung kurzfris-
tig beantragter und bewilligter Fördermittel wurde das Dach bei
der Komplett-Sanierung originalgetreu wieder eingedeckt. Das
Gebäude erhielt einen neuen Fassadenputz in der bisherigen Farb-
gebung. Eine geänderte Raumaufteilung brachte im Dachgeschoss
eine etwas größere Ausstellungsfläche. Nach über fünfmonatiger
Schließung nahm das Karl-May-Haus am 25. Februar 1998 wieder den Museumsbetrieb auf.

Am 25. Februar 2004 wurde der völlig neugestaltete und aktua-
lisierte Komplex „Die Internationalität" übergeben, mit der Einrichtung des „Fremdsprachenzimmers" in einem zuvor als Büro genutzten Raum im 2. Obergeschoss die Dauerausstellung erweitert.

Das Karl-May-Haus 2007

Karl-May-Porträt von Max Brösel (1871–1947), 1942

Vater May am Webstuhl (Detail der musealen Inszenierung, Weberstube)

Das Museum. Ein Rundgang

Betritt der Besucher das „Kleine Museum mit dem großen Inhalt",
so empfängt ihn sofort eine intime Atmosphäre, die ihn während
des gesamten Rundgangs begleitet.

Die Fotos und Dokumente in den Wandvitrinen im schmalen
Gang des Erdgeschosses berichten unter anderem von der wech-
selvollen Geschichte des Hauses und den Beziehungen zu seinem
berühmtesten Bewohner. Beim Betrachten und Lesen der Dokumente spürt man förmlich die Gegenwart des wohl bekanntesten
fiktiven Indianers – des Apachenhäuptlings Winnetou. Die von
dem Münchener Künstler Vittorio Güttner (1869–1937) geschaf-
fene Büste empfängt den May-Freund mit warmem Blick.

Winnetou-Büste von Vittorio Güttner

Der Keller diente in den 1990er Jahren als Sitzungs- und Vortragsraum, seit 2006 ist in ihm eine Szene aus dem „Waldkönig" / „Buschgespenst" nachgestaltet .

Keller-Diorama (Detail)

Ethnographica

Die Darstellung von Leben
und Werk Karl Mays über-
zeugt in ihrer Komplexität.

Ausstellungsraum im 1. Obergeschoss

S. 23 : Der DEFA-Trickfilm
„Die Spur führt zum Silbersee"
entstand 1989 frei nach Karl May.

Zum Sammelschwerpunkt des Museums gehören fremdsprachige Karl-May-Bücher.

Die ebenfalls im Flur präsentierten indianischen Gegenstände deuten an, dass die Wildwestgeschichten das Interesse der Leser wohl am meisten fesseln.

Bevor man sich treppauf in die erste Etage begibt, betritt man den als Museumsshop genutzten Kassenraum, das einstige „Großmutterstübchen", welches Karl May durch die engen Beziehungen zu dieser bemerkenswerten Frau wohl am besten in Erinnerung war.

„Großmutter, die Mutter meines Vaters, zog in das Parterre, wo es nur eine Stube mit zwei Fenstern und die Haustür gab. Dahinter lag ein Raum mit einer alten Wäscherolle, die für zwei Pfennige pro Stunde an andere Leute vermietet wurde."

Über eine enge Wendeltreppe erreicht man das Obergeschoss.

„Im ersten Stock wohnten die Eltern mit uns. Da stand der Webstuhl mit dem Spulrad."

Heute bildet das erste Stockwerk das Kernstück des Museums. Im Detail werden hier in chronologischer Folge die einzelnen Lebensabschnitte Karl Mays und sein Werk dargestellt und gewürdigt. Ein abenteuerliches Menschenschicksal wird sichtbar, das mitunter noch aufregender verlief als die Geschichten der Helden in Mays Büchern.

„Im zweiten Stock schliefen wir mit einer Kolonie von Mäusen und einigen größeren Nagetieren, die eigentlich im Taubenschlage wohnten und des Nachts nur kamen, uns zu besuchen."

Aus Platzgründen befindet sich heute in dieser Etage der nachgestaltete Arbeits- und Wohnraum der Familie May. Er bezeugt in seiner realistischen Darstellung das soziale Umfeld der mayschen Kindheitsjahre. Die Heimweberstube, in der man die körperliche und geistige Enge jener Zeit spürt, ermöglicht den Besuchern einen Blick in den Alltag des vorigen Jahrhunderts und verrät mehr über Karl May und seine Bücher als manches Dokument.

In einem abgetrennten kleinen Raum, seit Eröffnung des Museums bis 2001 als Büro genutzt, werden die ausländischen und fremdsprachigen Karl-May-Ausgaben, die einen Sammelschwerpunkt des Museums bilden, präsentiert. Für den Zeitraum ab 1945 befinden sich in den Vitrinen Bücher aller Sprachen, in die der Autor seitdem übersetzt worden ist. Die Vielfalt der bis zum Ende des Zweiten Weltkrieges weltweit erschienenen May-

Weber-
stube

Der Garten
wurde nach
Angaben in der
Autobiografie
Karl Mays
„Mein Leben
und Streben"
gestaltet.

Ausgaben erschließt sich dem Besucher in einem farbenfrohen
Wandfries aus Deckelbildern.

So eng das Karl-May-Geburtshaus auch ist, es gibt noch ein
drittes Stockwerk: *„... und hatte ganz oben unter dem First einen
Taubenschlag ..."*

In den ersten Jahren des Museums wurde dieser Raum als
„Lesestube" genutzt, um Interessierten Zugang zur in der DDR
schwer beschaffbaren Karl-May-Literatur zu ermöglichen. Bis zur
Dachgeschoss-Sanierung (1997) sind hier nur einzelne Requisiten
des DEFA-Trickfilms „Die Spur führt zum Silbersee" präsentiert
worden. Durch Aufhebung der Raumstruktur konnte die Ausstellungsfläche in dem Stockwerk vergrößert werden. Sie wird nun für
die umfassende Dokumentation des einzigartigen Filmprojektes
genutzt.

Begibt sich der Besucher nun die schmalen Treppen wieder
hinunter, so wird er feststellen:

„*Es gab auch einen Keller, doch war er immer leer. Einmal standen einige Säcke Kartoffel darin, die gehörten aber nicht uns, sondern einem Nachbar, der keinen Keller hatte.*"

Von 1995 bis zur Eröffnung der Karl-May-Begegnungsstätte ist das abgesenkte Kellergewölbe als Sitzungs- und Vortragsraum genutzt worden. Nach einer notwendigen Mauerwerksanierung wurde der Keller mit einer Szene aus dem „Waldkönig"/„Buschgespenst" ausgestaltet und damit in die Dauerausstellung einbezogen.

Mit einem letzten Blick in den in der Autobiografie beschriebenen Garten wird der Einblick in die Welt Karl Mays beendet:

Hofansicht
des
Karl-May-
Hauses

Das Karl-May-Haus

„*Der Hof war grad so groß, daß wir fünf Kinder uns aufstellen konnten, ohne einander zu stoßen. Hieran grenzte der Garten, in dem es einen Hollunderstrauch, einen Apfel-, einen Pflaumenbaum und einen Wassertümpel gab, den wir als 'Teich' bezeichneten.*"

Übrigens hat der Besucher nach Beendigung des Rundganges 38 Holzstufen der Wendeltreppe hinter sich gelassen – sicherlich mit dem Gefühl, einen Museumsbesuch erlebt zu haben, der sich gelohnt hat.

Literatur:

Sämtliche Zitate aus:
May, Karl: Mein Leben und Streben. Freiburg i. Br., 1910, S. 13 f. (Reprint hrsg. v. Hainer Plaul, Hildesheim; New York 1975, 1982)

Tour of the Museum

The house in which Karl May was born on February 25, 1842, has served as a museum since March 12, 1985. It is a tiny weaver's cottage, only 4.25 meters (not quite 14 feet) wide. Therefore it is affectionately called "the small museum with the great exhibition." Upon entering, visitors immediately sense the very special atmosphere, which pervades the entire house.

The photographs and documents that are exhibited in the display cases along the walls of the narrow hallway on the ground floor tell of the building's eventful history and its relationship to its most famous inhabitant, Karl May. When viewing and reading the documents, one can almost sense the presence of Apache Chief Winnetou, probably the Native American best known to the readers of May's books. The bust of Winnetou, created by artist Vittorio Güttner of Munich (1869–1937), welcomes visitors with a friendly look. A number of Native American artifacts, also to be seen in the hall, indicate that, from the reader's point of view, May's stories about the Wild West are possibly the most fascinating part of his collected works.

Before going upstairs to the first floor, visitors enter the ticket office, which is also used as the museum shop. It was once his grandmother's chamber and because of May's close relationship with this remarkable woman, it must have been the room he remembered best.

"Grandmother, my father's mother, moved into the ground floor, which had only one room with two windows and the front door. Behind it, there was a room with an old clothes mangle, which was hired out for two cents per hour."

The upper floor is reached via a narrow spiral staircase.

"We lived with our parents on the first floor. There was a loom with a spooling wheel".

Today, the first floor is the heart of the museum. The various periods of May's life are laid out in chronological order and explained in detail, honoring his works. The exhibits document an

adventurous life, one that was occasionally even more adventurous than the stories of his fictional heroes.

"We used to sleep on the second floor, together with a colony of mice and some larger rodents, which actually were at home in the pigeon loft and which only came to visit us at night."

Due to lack of space elsewhere, a replica of the May family's working and living room is now displayed on the second floor. Authentically re-created, it reflects the social environment of May's childhood. The home-weaver's room, in which visitors can sense the physical closeness of that bygone era, provides a glimpse of 19th-century everyday life and reveals more about Karl May and his books than many a document.

German-language editions of books written by May and printed in foreign countries as well as foreign-language editions of his works are on display in a small separate room, which was used as an office following the opening of the museum in 1985 until 2001. These books are a major part of the museum's collections. The display cases contain editions representing all languages into which May's books have been translated since 1945. The diversity of May's works published throughout the world until the end of the Second World War can be seen along the walls in the form of a colorful collage made from cover illustrations.

As narrow as the Karl May House may be, there is also a third floor which *"housed a pigeon loft high under the rafters ..."*

During the museum's first years, this room was used as a "reading room." Those interested in reading May's books could do so here, since they were neither available in public libraries nor were they printed in the German Democratic Republic. Until its reconstruction in 1997, the attic had been used to present a few props from the East German animated film *The Trail Leads to Lake Silbersee*, based on the novel *The Treasure in Lake Silbersee*. By redesigning the layout it was possible to enlarge the exhibition area on this floor. Now it is used for a detailed documentation of this unique film.

Descending the narrow stairs again, visitors can see that *"there was a cellar, too. But it was always empty. Only once, a few sacks of potatoes were stored there. They didn't belong to us, but to a neighbor who didn't have a cellar himself."*

Between 1995 and the opening in 2001 of the International Karl May Heritage Center, the enlarged cellar with its vault-like ceiling was used as a room for lectures and meetings. Following a much-needed stabilization of the stone walls, a replica of a mine from the Erzgebirge mountains was constructed, made to resemble a scene from a novel. Thus, the cellar became part of the permanent exhibition.

A glance at the garden completes the insight into May's world as a youngster. As described in his autobiography: *"The yard was just wide enough for us five children to line up without pushing one*

Karl-May-Haus
bei Nacht

Karl May House
by night

another. Beyond the yard, in the garden, there were an elderberry bush, an apple and a plum tree, and a pond which we used to call 'the lake'."

After completing the tour and after ascending and descending the spiral staircase made of 38 wooden steps, visitors leave having had a comprehensive look at the world that influenced the life and writings of Karl May.

Bibliography

All quotations from: May, Karl: *Mein Leben und Streben.* [My Life and Striving], Freiburg i. Br., 1910, p. 13 f.
(Reprint ed. by Hainer Plaul, Hildesheim, New York: 1975, 1982).

Dokumente und Exponate

Für die Präsentation von Karl Mays Leben und Werk zählen natürlich in erster Linie seine Bücher und deren Übersetzungen, aber ebenso neben dem Geburtshaus selbst originale Dokumente und Exponate, die dem Betrachter den Schriftsteller greifbarer machen beziehungsweise nicht zuletzt optisch auf Handlungsräume seiner Schriften hinüberleiten. Das Karl-May-Haus als Literaturmuseum für den sächsischen Fabulierer, dessen Namen es trägt, wurde erst 1985 eröffnet und ist somit relativ jung, ebenso wie die Sammlung insgesamt. Um so erstaunlicher mutet es an, dass dieses schmale Haus inzwischen eine Vielzahl Schätze für Karl-

Das Buch „Historischer Lust=Garten" von Mays Vorfahren Gottfried Dexelius erschien 1702.

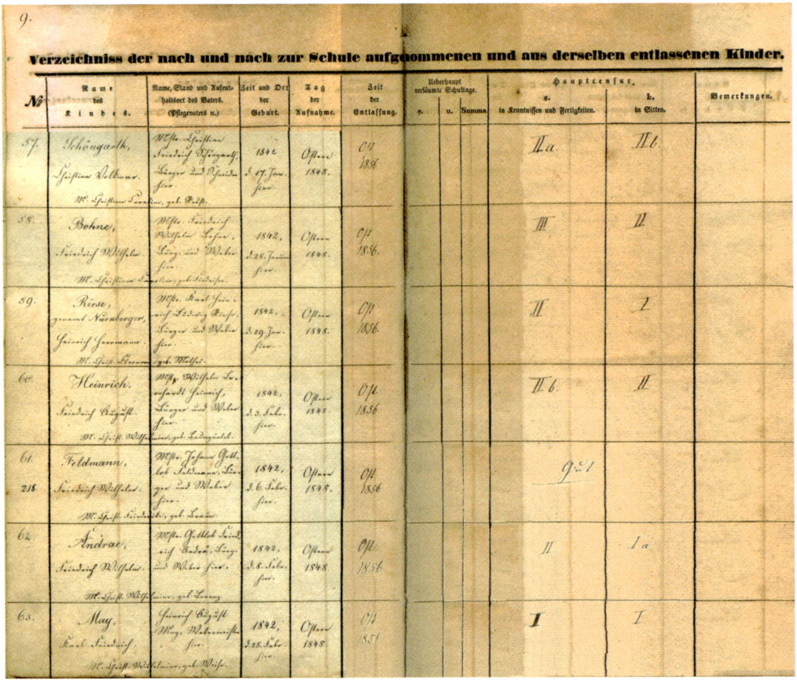

9.

Verzeichniss der nach und nach zur Schule aufgenommenen und aus derselben entlassenen Kinder.

№	Name des Kindes.	Name, Stand und Aufenthaltsort des Vaters. (Pflegevaters rc.)	Zeit und Ort der Geburt.	Tag der Aufnahme.	Zeit der Entlassung.	Ueberhaupt versäumte Schultage. e.	u.	Summa	Hauptcensur, a. in Kenntnissen und Fertigkeiten.	b. in Sitten.	Bemerkungen.
57.	Schöngarth, Christian Volkmar.	[illegible]	1842 d. 17. Januar	Ostern 1848.	Ost. 1856				IIa	IIb	
58.	Bohne, Friedrich Wilhelm	[illegible]	1842, d. 28. Januar	Ostern 1848.	Ost. 1856.				III	II	
59.	Riese, genannt Nürnberger, Heinrich Hermann.	[illegible]	1842, d. 29. Januar	Ostern 1848.	Ost. 1856.				II	I	
60.	Heinrich, Friedrich August.	[illegible]	1842. d. 3. Febr.	Ostern 1848.	Ost. 1856				IIb.	II	
61. 218.	Feldmann, Friedrich Wilhelm.	[illegible]	1842, d. 6. Febr.	Ostern 1848.	Ost. 1856				[illegible]		
62.	Andrae, Friedrich Wilhelm.	[illegible]	1842. d. 8. Febr.	Ostern 1848.	Ost. 1856.				II	Ia	
63.	May, Karl Friedrich.	Heinrich August May, Webermeister.	1842, d. 25. Febr.	Ostern 1848.	Ost. 1856				I	I	

Im Hauptbuch der Ernstthaler Knabenschule sind Mays Abgangszensuren (in der letzten Zeile) verzeichnet.

May-Fans birgt, zumal aus dem 1965 aufgelösten Heimatmuseum in Hohenstein-Ernstthal kaum Exponate erhalten sind.

Zu Beginn steht ein Vorfahre Karl Mays, Gottfried Dexelius, mit seinem 1702 veröffentlichten Buch „Historischer Lust=Garten“. Das wertvolle Werk ist allerdings aus Erhaltungsgründen nicht ständig in der Vitrine präsent. Dexelius (1658–1707) wirkte als Diakon im Dorf Staucha unweit von Meißen und verfasste mindestens vier Bücher (siehe auch S. 90). Übrigens ist der „Historische Lust=Garten“ das einzig erhaltene Exemplar in ganz Sachsen; es handelt sich im Gegensatz zu dem, was man von einem Geistlichen jener Zeit erwartet, nicht um religionsbezogenen Stoff, sondern um Unterhaltungsliteratur.

Weiterhin liegt im Karl-May-Haus das Testament der Marie Rosine Klemm vom 4. August 1836 vor (Abb. S. 10), die das Haus nebst dem gesamten Nachlass an ihre Großnichte und Karl Mays Mutter, Christiane Wilhelmine May, vererbte. Die Familie May bezog das Haus nach dem Tod von Marie Rosine Klemm im April 1838. Knapp vier Jahre später wurde Karl May in diesem alten Weberhaus geboren. Über Karl Mays Schulzeit finden sich ebenfalls Originaldokumente in der Sammlung des Museums, nämlich das „Hauptbuch der Knabenschule zu Ernstthal", in dem Karl May neben all seinen Klassenkameraden registriert ist und das jahrzehntelang in der Pestalozzischule am Standort der ehemaligen Ernstthaler Rektoratsschule behütet aufbewahrt gewesen ist.

Ein weiteres Original, das Karl May in seinen Händen hielt, belegt seine kompositorischen Aktivitäten für den Gesangsverein Lyra 1863/64: ein handgeschriebenes Exemplar des „Ständchens" für Männerchor mit Streichquartettbegleitung, Text und Musik Karl May. Später wurde dieses Doppelblatt offensichtlich vom „Sängerkreis zu Ernstthal" genutzt, dessen Stempel es trägt. Eine der ersten Aufführungen in unserer Zeit erlebte das Ständchen 1987 durch die Kantorei von St. Christophori Hohenstein-Ernstthal unter Leitung von Kantor Volkmar Krumrei.

Vielen unbekannt ist Karl May als Musiker und Komponist.

Erst wenige Jahre nach der Eröffnung des Karl-May-Hauses als Museum wurde bekannt, dass Karl May von 1881 bis 1883 in der Stammrolle der Hohensteiner Feuerwehr mit der Berufsangabe Journalist vermerkt steht, also für die Zeit, die er im Haus Markt 2 in Hohenstein mit seiner jungen Frau Emma wohnte. Die Stammrolle, die diesen Fakt belegt, befindet sich ebenfalls im Museum. Fast jedes Originaldokument hat eine interessante Auffindungsgeschichte, die oft abenteuerlicher anmutet als der Inhalt des Dokumentes selbst. Dies trifft insbesondere auf das Gästebuch des Hotels und Kurhauses Schwefelbad Grünthal, heute ein Ortsteil von Olbernhau, zu. Das komplette Gästebuch, das einen Eintrag Karl Mays in Form eines kleinen Gedichts enthält, dokumentiert seinen Aufenthalt in diesem gastlichen Haus am 17./18. August 1898 und konnte vor einigen Jahren für das Karl-May-Haus erworben werden.

Nicht weniger interessant, aber um einiges umfänglicher, stellt sich die Sammlung von Max Welte (1877–1934) dar, der als Verleger der „Dr. Karl May Photographien" in der Nachfolge von Adolf Nunwurz nach 1896 mit Karl May in enger Verbindung stand. Der vorliegende Schriftverkehr von Karl und Klara May an Max Welte

Die Stammrolle der Freiwilligen Feuerwehr enthält den Eintrag „Mai Carl"

Namen.	Alter.	Stand.	Haus-Nummer.	Straße.	Anmerkung.
Mai Carl	40	Journalist	2	Markt	abgemeldet
Meier, Robert Louis	35	Weber	46	Carl Str.	
Meier, Carl Fried.	37	"	"	"	
Müller, Carl Adolf	21	"	"	"	nach Leipzig abgem. am 2. 10. 1883

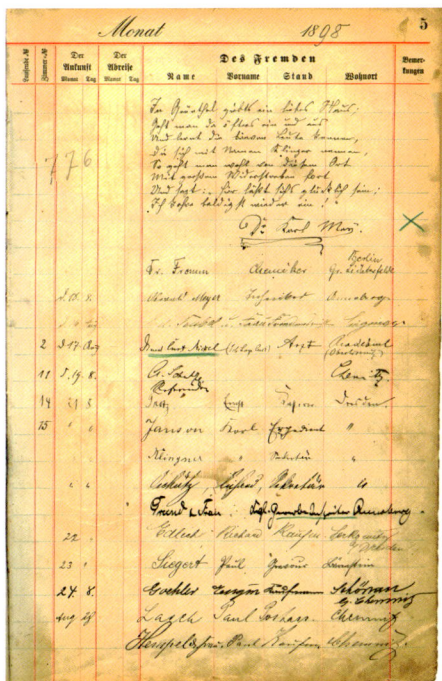

Eintrag Karl Mays im Gästebuch des Schwefelbades Grünthal, 1898

belegt ein vertrauensvolles Verhältnis untereinander – im Gegensatz zu teilweise anders lautenden Behauptungen. Zahlreiche Autografen und weitere Originaldokumente bereichern neben Faksimiles wie das des Hebammenzeugnisses der Mutter Mays oder die seiner Schulzeugnisse die aktuelle Ausstellung, legen beredtes Zeugnis vom Leben und Wirken Karl Mays ab und gestatten beim genauen Betrachten oft einen Blick hinter die Kulissen eines turbulenten Lebens, geben hin und wieder noch Rätsel auf und regen immer aufs Neue zu Forschungen an.

Besonders eindrucksvoll wirken die gegenständlichen Exponate, die mit dem Werk und Wirken Mays direkt verbunden sind. Vor allem trifft dies auf die nachgestaltete Weberstube im zweiten Stock des Hauses zu. Sie zeigt die zu Mays Kindheit übliche Kombination von Arbeits- und Wohnraum und repräsentiert somit ein Stück Alltagsgeschichte einer armen Weberfamilie in schönburgisch-sächsischen Landen um die Mitte des 19. Jahrhunderts. Die konkrete Gestaltung und Auswahl der Exponate leitet sich zu

Die Original-Petschaft Karl Mays wurde   Diese Bronzemedaille widmete der Ungar
kaum benutzt.   Kálmán Renner Karl May 1987.

etwa 70 Prozent aus Angaben Karl Mays selbst oder aus relevan-
ten zeitgenössischen Unterlagen ab. Anzumerken ist, dass sich die
Weberstube zu Karl Mays Zeiten, eigentlich lebte er nur drei Jahre
in diesem Haus, im ersten Stock befand. Aus Gründen einer Min-
destraumhöhe, die für die Wandtafeln und Vitrinen erforderlich
war, wurde die Weberstube eine Etage höher in die ehemalige
Schlafstube der Eltern Mays verlagert, also in jenen Raum, in dem
Karl May mit großer Wahrscheinlichkeit geboren wurde.

Auch wenn die Helden Mays in vielen Ländern der Erde ihre
Abenteuer erlebten, so verbinden doch die meisten Museums-
besucher die Literatur des Sachsen mit dem „Wilden Westen".
Dementsprechend stoßen die repräsentativen indianischen Gegenstände auf besonderes Interesse. Aber auch dem Orient zu-
zuordnende Exponate wie eine aus Nilschlamm bestehende Haut-
kratze in Form eines Krokodils sind nicht nur kulturhistorisch
wertvoll. Die ausgestellte Original-Petschaft Karl Mays ist eines
der wenigen Exponate aus dem einstigen Heimatmuseum Hohenstein-Ernstthal. 1996 konnte sie für die Sammlung des Karl-May-
Hauses wiedererworben werden.

Dass sich das Lebenswerk eines Literaten nicht nur in seinen
Werken widerspiegelt, dokumentiert ein umfangreiches Archiv mit
unzähligen Zeitungs- und Medienbeiträgen. Berichte über Vorgänge, über Denken und Verhalten von Zeitgenossen füllen oft

Lücken, wo Akten schweigen. Die archivierten Bestände sind für die wissenschaftliche Arbeit zugänglich. Zum Sammlungsbestand des Karl-May-Hauses gehören auch Medaillen und Plaketten, die mit unterschiedlichsten Motiven versehen und aus verschiedensten Materialien hergestellt und gelegentlich zu Sonderaustellungen präsentiert wurden.

Einen wesentlichen Bestandteil des Fundus im Karl-May-Haus bildet natürlich die wissenschaftliche Bibliothek, die in den vergangenen Jahren auf einen Umfang von über 5000 Büchern angewachsen ist. Allesamt weisen sie – egal, ob Primär- oder Sekundärliteratur – einen Bezug zum Menschen und Schriftsteller Karl May auf. Die Bibliothek beherbergt auch die zum Sammelschwerpunkt des Karl-May-Hauses gehörigen Ausgaben fremdsprachiger und ausländischer Karl-May-Bücher. Zum Archiv gehören eine Fotosammlung und eine Plakatsammlung, die die Vielzahl entsprechender Veranstaltungen, Ausstellungen, Theater- und Filmaufführungen oder Buchpräsentationen widerspiegeln.

Winnetou-Büste, geschaffen vom Bildhauer Selmar Werner (1864–1953)

Ein 2006 neben der Karl-May-Begegnungsstätte eingerichte-
tes Lapidarium beherbergt steinerne Zeugen von regionalgeschichtlicher Bedeutung. So findet sich hier der 2006 wiederent-
deckte Grabstein von Karoline Selbmann, einer Schwester Karl
Mays, und ein Rudiment des Grabsteins von Jakob Simon (?–1687),
des wohl ersten Bewohners auf Ernstthaler Territorium, der hier
1679 eine Waldhütte errichten ließ. Dessen Sohn Johann Simon
(1655–1730) legte 1680 eine Siedlung um den heutigen Neumarkt
an und gilt als Stadtgründer von Ernstthal. 1687 erhielt der neue
Ort diesen Namen.

Plakat von
Carl Linde-
berg zur
Aufführ-
rung einer
Karl-May-
Inszenie-
rung auf
der Felsen-
bühne
Rathen,
der ersten
von heute
zahlrei-
chen Karl-
May-Büh-
nen

Karl-May-Bücher in aller Welt

Sammelschwerpunkt des Museums

Bereits in der ersten Dauerausstellung des Karl-May-Hauses (1985) wurde den seit 1945 erschienenen ausländischen Karl-May-Ausgaben eine gesonderte Abteilung gewidmet. Sie bilden seitdem einen Sammelschwerpunkt des Museums und werden auch in die periodischen Sonderausstellungen einbezogen. Eine gute Zusammenarbeit mit Bibliotheken des In- und Auslandes sowie mit privaten Sammlern ermöglicht einen ständigen Informationsaustausch und damit eine Präsentation nach aktuellem Forschungsstand. Momentan werden Belegexemplare von Ausgaben in sämtlichen 38 Sprachen gezeigt, in denen Mays Werke seit 1945 erschienen sind.

Schon elf Jahre vor dem Start der Werkausgabe bei Friedrich Ernst Fehsenfeld (1892) wurde erstmals ein ausländischer Verleger auf den deutschen Abenteuerschriftsteller aufmerksam. Insbesondere bei katholisch geprägten Zeitungen waren Karl Mays Erzählungen gefragt und so begann die Pariser Tageszeitung „Le Monde" am 12. November 1881, kurz nach dem Publikationsbeginn in der katholischen Familienzeitschrift „Deutscher Hausschatz", mit dem Abdruck von Teilen des späteren sechsbändigen Orientzyklus und markierte damit den Anfang einer Reihe von May-Übersetzungen, die inzwischen in nahezu fünfzig Ländern erschienen.

Ein Überblick über die zeitgenössischen Karl-May-Übersetzungen in 18 Sprachen wurde von Hans-Dieter Steinmetz (mit Ausnahme der Übersetzung ins Ido im Jahr 1911, die erst seit 2004 nachgewiesen ist) bereits in den „Mitteilungen der Karl-May-Gesellschaft" Nrn. 77 und 78 (1988) veröffentlicht. Zur schnellen Orientierung über Sprachen, Länder und zeitliche Abfolge der Übersetzungen ist eine Übersicht beigefügt (S. 86–88). Entsprechend der Ausstellung wird nur auf die Entwicklung ab 1945 eingegangen, wobei die Sprachen, in denen May-Ausgaben vorliegen,

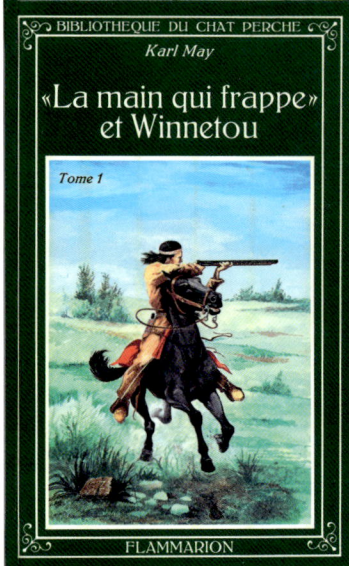

Französisch. Winnetou III, Flammarion,
Paris, 1983

Spanisch. Bei den Trümmern von Babylon,
Dalmau Socias, Barcelona, 1978

in chronologischer Reihenfolge der ersten Veröffentlichungen ab
diesem Zeitpunkt vorgestellt werden.

Französisch. Der Verlag Mame et Fils (Tours), in dem bereits
seit 1884 May-Ausgaben erschienen, gab 1945 eine Neuauflage
von „Surcouf le corsaire" heraus. Es folgten 1946/47 bzw. 1955
Nachdrucke der ersten Hälfte des Orientzyklus (8 Bde.) sowie
Übersetzungen von „Kapitän Kaiman" (1954) und „Das Vermächtnis des Inka" (1955). Der Verlag Flammarion (Paris), der seit 1933
May verlegte, druckte 1947/48 die „Winnetou"-Trilogie in einer
8-bändigen Ausgabe nach. Teile der Trilogie erschienen bei Flammarion in Neuausgaben 1962/63 und zwischen 1980 und 1983
(4 Bde.), „Old Surehand"-Teilausgaben in den Jahren 1964/65
(2. Aufl. 1973). Stark bearbeitete Ausgaben von „Durch die Wüste"
(1964, O. D. E. J., Paris) und „Winnetou" (1969, Hemma, Paris) fanden wenig Verbreitung. Bemerkenswert ist die Übersetzung der
„Gum", die 1953 sowohl in Paris (Editions Dervy) als auch in der
Schweiz (Ed. Rencontre, Lausanne) verlegt wurde. Nach 1983 sind
in Frankreich keine Karl-May-Ausgaben mehr erschienen.

Spanisch. Die Karl-May-Bücher des Verlages Molino (Buenos Aires und Barcelona) dominierten ein Vierteljahrhundert in den Buchhandlungen. Die Edition startete 1941 in Argentinien, doch wurde die Veröffentlichung ab 1943 in Spanien in der „Collection Molino" (Barcelona) fortgesetzt. Hier erschien 1945/46 komplett „Im Reiche des silbernen Löwen" in 8 Bänden, die das argentinische Unternehmen 1947–1951 nachdruckte. Teile des „Waldröschens" brachte 1946 der Verlag Horizontes (Valencia) heraus. Molino (Barcelona) bleibt u. a. bei den Klassikern „Die Sklavenkarawane" (1947), „Unter Geiern" (1950) und „Winnetou" (1952/53). In die „Collection Molino" werden auch „Der Ölprinz" (1954), „Der Schatz im Silbersee" (1955), „Old Surehand" (1960/61) und die „Satan"-Trilogie (1961/62) aufgenommen. Der Verlag stellte zwar 1965 seine May-Ausgaben ein, ediert aber seit 1982 wieder „Winnetou"-Nachauflagen, teils gemeinsam mit Círculo de Lectores, Barcelona, und SM, Madrid (3. Aufl. 1990). Zwischen 1965 und 1991 erschien eine Flut von May-Bänden in dreizehn spanischen Verlagen. Das Spektrum reicht von guten Buchausgaben („Die Sklavenkarawane"; Flavencia, Barcelona 1975) bis zu Comic-Reihen (Bruguera; Barcelona, 1975 ff.). Nach den „Winnetou"-Teilausgaben „Ein teuflischer Plan" (Iberlibro, Barcelona 1990), „Der Goldberg" (Euroliber, Barcelona 1991) und „Winnetou" (Alfaguara, Madrid 1996) kamen nur noch zwei Ausgaben vom „Schatz im Silbersee" in den Buchhandel (Anaya, Madrid 1991, mit Illustrationen; El País, Madrid 2004). In Argentinien erschien zuletzt „Der Schatz im Silbersee" (Hyspamérica und Orbis, Buenos Aires 1984). Aus Mexiko sind bisher nur eine Übersetzung des „Brodnik" (Albatros, México 1953) und mehrere Comic-Hefte aus dem Verlag Novedades Editores (Morelos), mindestens seit 1981, bekannt.

Bulgarisch. Die intensive Herausgabe der May-Werke seit 1933 wurde in Bulgarien während des Krieges nicht vermindert und konnte noch bis 1947 fortgesetzt werden. Ab 1945 erschienen „Der Schatz im Silbersee" und weitere 12 Bände. Erst dreißig Jahre später – sieht man von „Rio de la Plata" (1969) ab – begann wieder eine kontinuierliche Edition der Reiseerzählungen, an deren Zustandekommen Wesselin Radkov wesentlichen Anteil hatte. Sämtliche seit 1977 von den Verlagen Otečestvo (Sofia) und Georgi Bakalov (Varna) herausgegebene May-Bücher sind von

Radkov übersetzt worden. Dazu gehören neben Bänden mit Kurzerzählungen auch „Winnetou" (1981/85), „Der Schatz im Silbersee" (1982) und „Der Sohn des Bärenjägers"/„Der Geist des Llano
estakado" (1983/84). In den Jahren 1988 bis 1997 verlegte
Otečestvo eine Werkausgabe, in die Nachauflagen und Neuübersetzungen, darunter „Das Buschgespenst" (1994), die „Satan"-Tri-
logie (1995/96) und „Der Fremde aus Indien" (1997), Aufnahme
fanden. Den Abschlussband „Allah il Allah" (2002) der 22-bändi-
gen Reihe brachte der Verlag Žavano (Sofia) auf den Markt.

Eine breite Rezeption in Bulgarien ist zu Beginn der 1990er
Jahre festzustellen. Innerhalb von drei Jahren erschienen außer bei
Otečestvo noch in weiteren dreizehn Verlagen May-Titel. So
brachte 1991/92 Andina (Varna) Radkovs vier Übersetzungen, die
schon G. Bakalov 1979–1984 verlegt hatte, in einer Nachauflage
heraus und schloss „Von Mursuk bis Kairwan" (1992) an. Weitere
Verlage verbreiteten Radkovs Übertragungen: Der „Schatz im Silbersee" erschien 1994 bei Hermes (Plovdiv) und 2006 bei Nju
Media Grup (New Media Group, Sofia), „Der Geist des Llano esta-

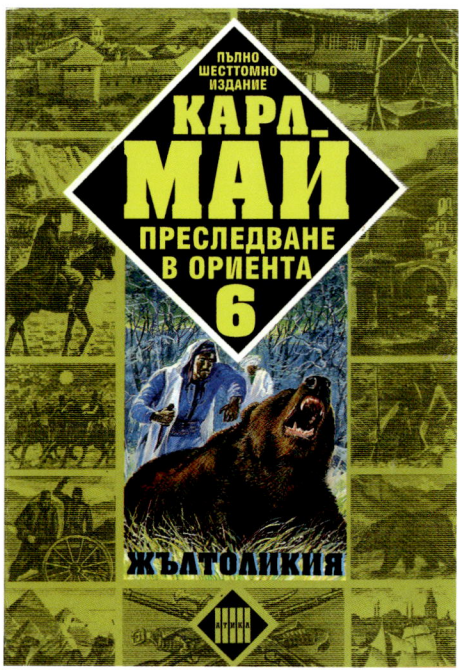

Bulgarisch. Der Schut.
Atika, Sofija, 1993

kado" (2001) bei Pan (Sofia), „Winnetou"-Trilogie (2006 ff.) bei
Trud (Sofia). Mehrere Unternehmen, wie Trenev i Trenev (Sofia), AL
(Varna), Letera (Plovdiv) und Junion 21 (Sofia), beschränkten sich
1991 auf Nachdrucke von bereits vor 1947 edierten May-Texten.
Der Verlag MAG 77 (Plovdiv) wählte 1991 14 Vorkriegsausgaben
aus, die jedoch in Neuübersetzungen präsentiert wurden. Erstmals
komplett erschien 1993 der Orientzyklus bei Atika (Sofia). Der Ver-
lag Kalem 90 (Plovdiv) begann 1992 mit der Edition einer May-
Ausgabe (bis 1996 21 Bände). Sämtlich in der Fassung des Karl-
May-Verlages vereinigte sie Werke aus allen Schaffensperioden:
„Der Waldläufer" (1995), „Zepter und Hammer" (1995/96) und „Die
Juweleninsel" (1996), Teile der Kolportage-Zyklen „Waldröschen"
(1992) und „Deutsche Herzen, deutsche Helden" (1994), aus den
Reiseerzählungen die „Satan"- (1993) und „Mahdi"-Trilogien
(1995), aus dem Alterswerk „Winnetous Erben" (1993). Nachauflagen von „Winnetous Erben" (1997) und „Der Waldläufer" (1999)
erschienen als Gemeinschaftsausgaben mit Geja-Libris (Sofia).
Einen Schwerpunkt auf das Alterswerk setzte der Verlag Kalpaza-
nov (Gabrovo), insgesamt neun Bände (1991–1998), mit dem kompletten „Silberlöwen" (1996/97) und „Am Jenseits" (1998), ver-
zichtete auch nicht auf die Kandolf-Fortsetzung „In Mekka"
(1998).

Rumänisch. Innerhalb einer Abenteuer-Heftreihe erschien
1945 „Das Vermächtnis des Inka" (Verlag Muscelul) in Lieferungen
(Lieferungsausgaben sind Lesestoffe, die nicht zuerst als Buch,
sondern ratenweise in Form von Fortsetzungsheften – Lieferungen
– verbreitet und im Abonnement bezogen worden sind) und 1947
das Buch „Im Tal des Todes" (Verlag Remus Cioflex, beide
București). Nach einer Unterbrechung von zwei Jahrzehnten
brachte der Verlag der Jugend (später: Albatros), București, drei
Werke Karl Mays heraus: die „Winnetou"-Trilogie (1967), „Der
Schatz im Silbersee" (1969) und „Das Vermächtnis des Inka"
(1971). Nachdrucke des „Winnetou" (5 Bde.) besorgte 1972 und
1992/93 der Verlag Minerva (București), der 1975 auch „Old Surehand" (4 Bde.; 2. Aufl. 1993) veröffentlichte. Eine umfangreiche
May-Rezeption setzte auch in Rumänien erst nach dem gesell-
schaftlichen Umbruch ein. Allein im Zeitraum von 1991 bis Anfang
1994 erschienen 49 Titel in 23 Verlagen. Aus wirtschaftlichen

Gründen griffen einige der jungen Verlage teils auf Textfassungen zurück, die bereits vor 1945 bzw. ab 1969 vorlagen. Der Verlag Logos/Logos Star (București) edierte 1993/94 einen Buch-Nach-druck der „Liebe des Ulanen" auf der Grundlage einer Heftausgabe aus den dreißiger Jahren. Die May-Welle brachte den Lesern aber auch Erstübersetzungen, u. a. von „Der Sohn des Bärenjägers"/ „Der Geist des Llano estakado" (Interval, Brașov 1991), „Im Reiche des silbernen Löwen" (Pan, Iași 1993) und der „Satan"-Trilogie (Ulise, București 1993/94). Nach den vielen Einzelausgaben zu Beginn der neunziger Jahre begann 1994 der Verlag Pallas (Bucu-rești) mit einer May-Ausgabe (24 Bde. bis 1999), in die nach der „Waldröschen"-Reihe (1994) der komplette „Silberlöwe" (1995), die „Satan"- und „Mahdi"-Trilogien (1995 und 1997) sowie 1996 die „Deutsche Herzen"-Reihe (3 Bde., Fassung Karl-May-Verlag/KMV) aufgenommen wurden. Je drei Titel des Orientzyklus erschienen 1998 in den Verlagen Pallas und Eden (București), auch bei der Edition der „Ulanen"-Reihe (1998/99) gab es zur Realisie-rung der Einzelbände wohl Absprachen. Der Verlag Eden brachte nach „Winnetou" (3 Bde., 1996) auch „Zepter und Hammer"/„Die Juweleninsel" (1997) in die Buchhandlungen. Jüngste May-Titel in Rumänien edierte der Verlag Corint (București), darunter „Kapitän Kaiman" (2000), „Der Pfahlmann" (2001), „Der Weg nach Water-loo" (2005) und „Old Surehand" (2 Bde., 2006).

Erstmals erschien 1992 im Nachbarland *Moldawien* eine May-Übersetzung: „Winnetou" (3 Bde.) in Rumänisch, eine Gemein-schaftsausgabe von Hyperion (Chișinău) und dem rumänischen Verlag Lumina (Turnu-Severin). Weitere Nachdrucke der „Winne-tou"-Übersetzung von Eugen Frunză edierten 1997 (5 Bde.) in Kooperation die Verlagshäuser David (București) und Litera (Chișinău) und im Jahr 2004 (3 Bde.) die Litera International (București und Chișinău), ein Unternehmen mit Sitz in beiden Hauptstädten. Auch der 2004 von Prut International (Chișinău) edierte „Schatz im Silbersee" ist ein Nachdruck der erstmals 1969 in Rumänien veröffentlichten Übersetzung.

Serbokroatisch. In *Kroatien* erschienen in der Nachkriegszeit nur wenige May-Erzählungen. Nach „Old Surehand" (Kaptol, Zagreb) im Jahr 1945 wurden nur „Der Geist des Llano estakado" (Tehnička knjiga, Zagreb 1952) und „Winnetou" als Heftreihe

Rumänisch. Die Pyramide des Sonnengottes, Pallas, Bukarest, 1994

Serbokroatisch. Winnetou II (3. Auflage), Nolit, Beograd, 1967

(M. P. Miškina, Koprivnica 1953) bzw. Buchausgabe (NIP, Zagreb 1959/60) gedruckt. Der Verlag Mladost (Zagreb) gab nach dem „Schatz im Silbersee" (1955) 1962/65 noch elf Titel heraus, darunter „Winnetou" (2. Aufl. 1984), „Old Surehand" (1962) und „Winnetous Erben" (1965). Hervorzuheben ist die May-Ausgabe des Verlages Otokar Keršovani, Rijeka (1963/65, 23 Bde.), die neben Reise- und Jugenderzählungen auch das Frühwerk („Zepter und Hammer"/„Die Juweleninsel"), die Kolportageromane („Rodriganda"-Reihe, „Das Buschgespenst") und das Alterswerk („Silberlöwe I–IV", „Winnetous Erben") berücksichtigte. Der Verlag Otokar Keršovani, inzwischen in Opatija, brachte 1995 nochmals eine zweibändige „Winnetou"-Ausgabe. Sechs weitere Verlage wählten zur Veröffentlichung Einzeltitel aus. So edierte 1962 Stvarnost den Sendator-Roman („Am Rio de la Plata"/„In den Kordilleren") und die „Winnetou"-Trilogie, die auch 1977 von Prosvjeta (beide Zagreb) verlegt wurde. Glas Podravine (Koprivnica) bot 1962 eine Lieferungsausgabe von „Satan und Ischariot" (69 Hefte) an und der Verlag Matica hrvatska (Zagreb) brachte 1965 den kompletten

Orientzyklus in die Buchhandlungen. Mit einer kleinen Serie Karl-May-Comics (u. a. „Der Sohn des Bärenjägers", „Der Schatz im Silbersee") bereicherte 1972 Naša djeca (Zagreb) das Angebot. Die jüngste May-Ausgabe in Kroatien ist „Die Pyramide des Sonnengottes" (Nova knjiga Rast, Zagreb 2005), die auf die Übersetzung des Keršovani-Verlages (1964) zurückgreift und deshalb hier noch unter „Serbokroatisch" geführt wird, obwohl in den Nachfolgestaaten Jugoslawiens nach 1992 Einzelsprachen unterschieden werden (Bosnisch, Kroatisch, Serbisch).

In *Serbien* versorgten die Belgrader Verlage Novo pokolenje (1952) und Nolit (1960) die May-Leser zunächst mit „Winnetou"-Ausgaben. Der Orientzyklus – 1958 Start bei Nolit, dann bei Kosmos (Belgrad) – ist nach „Von Bagdad nach Stambul" (1962) nicht mehr fortgeführt worden. Die umfangreichste Ausgabe in Serbien (7 Bde.) brachte 1961 und 1965 Mlado pokolenje (Belgrad) heraus, darunter „Winnetous Erben", „Die Juweleninsel" und „Trapper Geierschnabel". Die Bände „Im Tal des Todes" und „Zobeljäger und Kosak" (beide 1965) sind 1984/86 nochmals von Prosveta in Belgrad verlegt worden. Die Verlage Jugoslavija und Prosveta (beide Belgrad) veröffentlichten gemeinsam die Jugenderzählungen „Der Sohn des Bärenjägers"/„Der Geist des Llano estakado" (1979) und „Der Schatz im Silbersee" (1981). Nach der Neuübersetzung des „Vinetu" (2 Großbände, 1990) im Verlag Dečja knjiga (Belgrad) kamen in Serbien keine weiteren May-Titel in die Buchhandlungen.

In *Bosnien* haben nur drei Verlage in Sarajevo Mays Werke veröffentlicht. Nach den beiden Erzählungen aus „Unter Geiern" (1951/52) wählte der Verlag Svjetlost für seine Reihe „Džepna knjiga" „Kapitän Kaiman" (1959, 2. Aufl. 1962) und „Kanada Bill" (1960) aus. Eine unbearbeitete Fassung des „Waldröschens" (83 Lieferungshefte) druckte bereits 1953 der Verlag Čičak. In Bosnien beschloss „Winnetou" (Veselin Masleša, 1972) vorerst die May-Rezeption.

Slowakisch. Der renommierte Verlag Tranoscius (Liptovsky Sv. Mikuláš) komplettierte 1945 und 1947 seine noch während des Krieges begonnene „Winnetou"-Ausgabe. „Der blaurote Methusalem" (1947), die Nachauflage von „Winnetou I" sowie „Die Gum" (beide 1948) bei Bohumil Buocik (Bratislava) waren die letzten

Bände, die noch vor der Verstaatlichung sämtlicher Verlage der Tschechoslowakei erscheinen konnten. Erst 1963 begann der Verlag Mladé letá (Bratislava) mit dem „Ölprinz" eine neue May-Reihe, in die „Winnetou I–III" (1964/65), „Der Schatz im Silbersee" (1966), „Old Surehand I–II" (1967/68), „Unter Geiern" (1967/68) und die drei Südamerika-Romane (1969/71) aufgenommen wurden. Seitdem erscheinen bei Mladé letá regelmäßig Nachauflagen (u. a. „Winnetou I", 6. Aufl. 1991; „Der Sohn des Bärenjägers", 3. Aufl. 2000). Neu aufgenommen wurden in die May-Reihe drei Bände mit Erzählungen („Auf fremden Pfaden", „Old Shatterhand" und „Old Firehand", sämtlich 1995), „Der Löwe der Blutra-

Slowakisch. Der Geist des Llano estakado (2. Auflage), Mladé letá, Bratislava, 1970

Ungarisch. Professor Vitzliputzli, Móra, Budapest, 1987

che" (1997/98) und eine Neuübersetzung von „Old Surehand I"
(2002) auf der Basis der Fehsenfeld-Ausgabe. Ausgang der sechziger Jahre trugen der Verlag Smena mit der Königsschatz-Episode
(1966, aus „Old Surehand II"), „Der schwarze Mustang" (1967) und
„Die Gum" (1968) und Slovenský spisovatel (beide Bratislava) mit
„Durch die Wüste" (2. Aufl. 1992) und „Durchs wilde Kurdistan"
(1969) zu einer breiten May-Rezeption bei. Als Supplement der
Tageszeitung Sloboda (Bratislava) erschien 1966 eine Buchaus-

gabe von „Old Surehand I" („Unter den Sternen des wilden Wes-
tens"). Im Jahr 1984 veröffentlichte ein Verlag in Levoca den
„Schatz im Silbersee" in Blindenschrift und slowakischer Sprache
(11 Bde., zusammen 1761 Seiten). Neugründungen wie Nezávilost
(„Am Rio de la Plata", 1991), Danubiapress („Der Derwisch", 1994
bis „Zobeljäger und Kosak", 1997) und Don Bosco („Weihnacht!",
1994 und „Winnetou IV", 1997), sämtlich Bratislava, versuchten,
mit May-Titeln auf dem Buchmarkt Fuß zu fassen. Andere Verlage
in Bratislava brachten Übersetzungen von deutschen Sonderaus-
gaben. Die „Lustigen Geschichten" (KMV 1994) kamen zwei Jahre
später bei „Alfa konti", die Ausgabe „Winnetou und Old Shatterhand" (Bearb. Johannes Nixdorf, Erlangen 1992) legte Fortuna
Print 1997 vor. Während der Verlag SIMA (Prešov) nur mit einer
zweibändigen Teilausgabe des Lieferungsromans „Die Liebe des
Ulanen" (1995) hervortrat, sorgte der Verlag Epos (Ružomberok)
seit 1999 für neue May-Titel. Nach „Durchs wilde Kurdistan"
erschien die „Mahdi"-Trilogie (2000/03), „Der Derwisch", „Königin
der Wüste" (beide 2004) und „Der Fürst der Bleichgesichter"
(2005) – die Reihe wird fortgeführt.

Ungarisch. Der Athenaeum-Verlag (Budapest), der bereits ein
halbes Jahrhundert lang Mays Werke verlegte, nutzte 1946 noch
vor der Verstaatlichung die Gelegenheit, Nachdrucke von
zehn Bänden (u. a. „Winnetou I–III") herzustellen. Eine May-
Renaissance begann, als der Móra-Verlag (Budapest) die früher in
Ungarn weit verbreiteten Titel in Neuübersetzungen herausgab:
„Der Schatz im Silbersee" (1964), „Winnetou" (1966) und „Der
Geist der Wüste" (1971). In der Regel veranstaltete Móra Gemeinschaftsausgaben mit Verlagen aus Bratislava (Madách, Tatran und
Slowakische Belletristik) oder vergab 1966/68 und später Lizen-
zen an Mládé letá (Bratislava), den Jugendbuchverlag (Bucureşti)
und Forum-Verlag (Novi Sad, Serbien). Selbstständig veröffentlichte ein rumänischer Verlag (Dacia, Cluj 1977) „Winnetou I". So
brauchten die in diesen Ländern lebenden Ungarn nicht auf die
May-Lektüre zu verzichten. Nach zahlreichen Nachauflagen
erschienen bei Móra 1987/89 noch drei Bände mit Erzählungen
(u. a. „Professor Vitzliputzli"). Seitdem wächst die Zahl der Verlage
mit May-Titeln ständig an. Zu den Neuausgaben gehören „Weihnacht" (Ecclesia, Budapest 1989), „Am Stillen Ozean" (Europur,

Debrecen 1990), „Die Königin der Wüste" (Tricon, Budapest 1992)
und „Der schwarze Mustang" (SubRosa, Budapest 1993). Die im
Móra-Verlag seit den sechziger Jahren erschienenen May-Übersetzungen von Szinnai Tivadar nahmen neue Unternehmen in ihr Verlagsprogramm auf. Zu diesen Übernahmen gehörte „Das Vermächtnis des Inka" in der 6. Auflage (SubRosa, Budapest 1994), vor
allem aber „Winnetou", 1997 und 2002 bei Alexandra (Pécs),
zuletzt 2005 bei Könyvmolyképzö (Szeged). In den Jahren 1994/95
veröffentlichten die Verlage Merényi und Fátum-Ars (beide Budapest) Teilausgaben der „Satan"-Trilogie. Hervorzuheben sind zwei
schmale Bändchen aus dem Jahr 2000 mit Marienkalendergeschichten: Szent István Társulat (Budapest), die schon vor 1900 die
Szekrenyi-Übersetzungen edierte, veröffentlichte „Auferstehung"
(Erstausgabe 1922) und Corvina (Budapest) legte eine zweisprachige Ausgabe (Ungarisch/Deutsch) von „Mutterliebe" vor. Die
umfassendste May-Werkausgabe im ungarischen Sprachraum
seit 1896 brachte der Verlag Unikornis (Budapest) zwischen 1999
und 2003 auf den Markt. Die illustrierte Edition umfasst die ersten 30 Bände der Bamberger Ausgabe, übernommen wurde auch
deren Reihenfolge.

Polnisch. Den „Schatz im Silbersee" veröffentlichte die Bibliotheka Dzieł Wyborowych (Warschau) sowohl in Lieferungen (1947)
als auch in einer Buchausgabe (1948). Nach „In den Kordilleren"
und „Winnetou I/II", die 1948 von Książnica Śląska (Mikołów)
herausgegeben wurden, kam es auch in Polen zu einer Unterbrechung der May-Rezeption. Allerdings war es die kürzeste „Durststrecke" in den Staaten Osteuropas (ohne Jugoslawien), denn
bereits 1956/57 machten die ungekürzten „Winnetou"- und „Old
Surehand"-Ausgaben von Nasza Księgarnia (Warschau) Furore und
belebten sogar die May-Diskussion in der DDR. In jenem Verlag
erschien nur noch „Der Schatz im Silbersee" (1970), ansonsten
beschränkte er sich über Jahrzehnte auf Nachauflagen (z. B. „Winnetou", 9. Aufl. 1990, „Silbersee", 8. Aufl. 1997). Ab 1983 erweiterte Krajowa Agencja Wydawnicza (Szczecin) das Angebot mit
der Edition einer umfangreichen Heftausgabe der bekanntesten
Amerikaromane. Einzelne Jugenderzählungen und Teile des Orientzyklus verlegte ab 1985 Wydawnictwo Poznańskie (Poznań). Über
ein halbes Dutzend weiterer Verlage verkleinerte mit Einzeltiteln

(z. B. „Winnetous Erben", Marba Crown Ltd., Warschau 1991) die Lücken der großen Reihen. Mit Nachdrucken aus den 1920er Jahren sorgte die Agencja Wydawnicza Morex (Warschau) für die Wiederentdeckung von Karl Mays Lieferungsroman „Das Waldröschen" (Zyklus „Ród Rodrigandów", 17 Bände, 1993/94). Zum Verlagsprogramm gehörten aber auch die „Winnetou"-Trilogie und der zweibändige „Old Surehand" (beide 1993). Mehr dem arabischen Raum gab Rebis (Poznań) bei seiner Auswahl von Reiseerzählungen den Vorzug, er veröffentlichte den Orientzyklus (1990/94) und „Im Reiche des silbernen Löwen" (5 Bde., 1993/97). Die May-Szene auf dem polnischen Buchmarkt beherrschte für ein Jahrzehnt die Ausgabe der Małopolska Oficyna Wydawnicza (Kraków), bis zum Jahr 2000 erschienen 53 Bände. In der Reihe wurden alle Schaffensperioden Mays berücksichtigt. Zum Reigen gehörten der „Waldläufer" (1997), „Zepter und Hammer"/„Die Juweleninsel" (1994/95), das „Waldröschen" (Zyklus „Leśna

Polnisch.
Weihnacht,
Małopolska
Oficyna,
Kraków, 1993

Rożyczka", 12 Bände, 1998/2000), die KMV-Fassung von „Deutsche Herzen" (6 Bde., 1993/95), „Die Liebe des Ulanen" (Zyklus
„Miłość ułana", 8 Bde., 1995/96), die „Mahdi"-Trilogie (1991) und
viele klassische Reise- und Jugenderzählungen, aber auch „Am
Jenseits" (1993) und „Und Friede auf Erden" (1998). Zuletzt edierte
Zielona Sowa (Kraków) die Jugenderzählungen „Der Schatz im Silbersee" (2000, 2. Aufl. 2003), „Der Sohn des Bärenjägers" und „Der
schwarze Mustang" (beide 2003).

Finnisch. Gleich zwei Verlagshäuser brachten 1947 Karl-May-
Bücher in Finnland heraus. Während Kustannus Oy Mantere (Porvoo) die Anfangskapitel des „Old Surehand I" verlegte, nahm Oy
Suomen Kirja (Helsinki) den „Geist des Llano estakado" und „Der
schwarze Mustang" in sein Verlagsprogramm auf. In den Jahren
1949 und 1951 setzte der Verleger Werner Söderström (Porvoo)
mit Nachauflagen der 1942 und 1944 veröffentlichten Bände „Der
Schatz im Silbersee", „Das Vermächtnis des Inka", „Die Sklavenkarawane" und „Durch die Wüste" seine May-Produktion fort.
1955 erschien bei Söderström als erste Neuausgabe „Der Ölprinz"
und in 2. Auflage „Durch die Wüste". Der Orientzyklus wurde 1956
und 1962 durch vier Titel bis zur Mitte von „Durch das Land der
Skipetaren" erweitert und erst 1987 mit zwei weiteren Bänden
abgeschlossen. Söderström bemühte sich mittels Nachauflagen,
die 10-bändige Reihe stets lieferbar zu halten. Zuletzt erschien sie
1990/91 in einer Paperback-Ausgabe, darin „Der Schatz im Silbersee" (1990) bereits in 8. Auflage. Nur 1962 und 1979 unternah-
men zwei Verlage den Versuch, mit „Der Geist des Llano estakado"
und „Winnetou"-Teilausgaben die Vormacht der Söderström-Edi-
tion zu brechen.

Niederländisch. Im Jahr 1947 knüpfte Het Boekhuis (Antwerpen) an seine Vorkriegsedition an und gab nach dem „Schatz im
Silbersee" bis 1954 noch weitere sechs Bände heraus. Auf die stark
bearbeiteten Ausgaben in etwa 30 Verlagen der Niederlande und
Belgiens wird hier nicht eingegangen, vielmehr soll die Aufmerk-
samkeit auf die umfangreichen May-Editionen mit werkgetreuen
Übersetzungen gerichtet werden. Zwischen 1949 und 1986
edierte der Becht-Verlag (Amsterdam) Neuausgaben ausgewähl-
ter Titel der seit 1904 bestehenden May-Reihe. Angeregt durch
den Erfolg der Karl-May-Taschenbücher (Ueberreuter, Wien), ver-

öffentlichte Het Spectrum (Utrecht-Antwerpen) in zwei Staffeln (1962/63 und 1966/67) ebenfalls eine Taschenbuchausgabe (50 Bde.), die erst Ende 1984 eingestellt wurde. Keine Chance hatte die Paperback-Ausgabe von Skarabee (Laren, 1970/71), die nach dem achten Band aus wirtschaftlichen Gründen abgebrochen werden musste. Seinen Editionsplan hielt dagegen der Loeb-Verlag (Amsterdam) ein, der 1983–1986 eine 18-bändige Reihe und 1989 einen „Winnetou"-Sonderband herausgab. In exklusiver Ausstattung edierte 1988 bis 1994 der Verlag Kadmos (Utrecht/Weert) eine 25-bändige Werkausgabe. Parallel erschien 1991 bei Rebo Productions (Lisse) noch eine 17-bändige Ausgabe. „Winnetou I" mit Illustrationen von Josef Ulrich wurde 1995 von The Readers Digest N. V. (Amsterdam/Brüssel) ins Buchprogramm aufgenommen. Ebenfalls mit Illustrationen des tschechischen Künstlers erschien 1999 bei Readers Digest noch „Durch die Wüste". Innerhalb einer vom Verlag Wolters-Noordhoff (Groningen) 2001 edierten Reihe mit klassischen Jugendbüchern war Karl May mit „Win-

Finnisch. Der Geist des Llano estakado,
Oy Suomen Kirja,
Helsinki, 1947

Niederländisch. Am Rio de la Plata
(7. Auflage), Het Spectrum,
Utrecht–Antwerpen, 1983

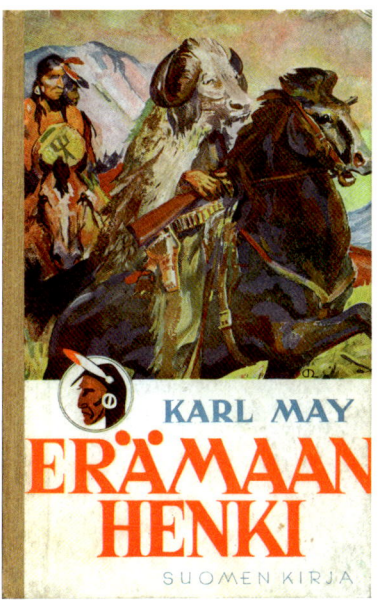

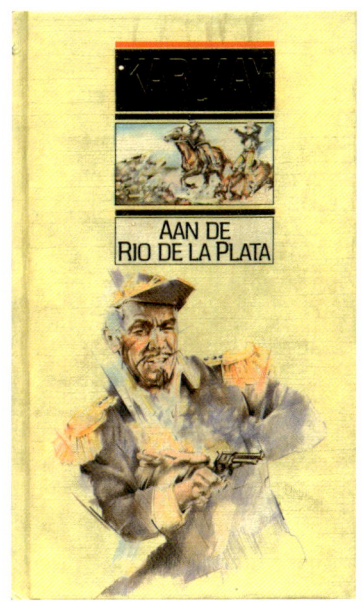

Portugiesisch. Durch das Land der Skipetaren (Teilausgabe), Pórtico, Lisboa, 1969

netou I" vertreten. Mit dem Buch „De schat der Inka's" („Das Vermächtnis des Inka") schlug 2003 ein in der Ausgabe nicht genannter Verlag ein neues Kapitel in der niederländischen Rezeptionsgeschichte auf. Denn erstmals erschien mit dem fotomechanischen Nachdruck der 1893 ohne Verfassername in der Zeitschrift „De Jeugd" (Die Jugend) veröffentlichten Erzählung ein Reprint. Seit 2006 liegt der von einem niederländischen May-Freund in geringer Stückzahl herausgegebene Nachdruck der Südafrika-Erzählung „De Boer van het Roer" vor, 1887 ausgeliefert als

Supplement von „De Katholieke Illustratie" (Die Katholische Illustrierte, auch hier ohne Verfasser), weitere Reprints sollen folgen.
Vergleicht man die Sprachen nur nach Anzahl der bekannt gewor-
denen May-Titel (einschließlich der Nachauflagen) miteinander,
dann dürfte wohl Niederländisch den Spitzenplatz einnehmen.

Portugiesisch. Der Verlag Globo (Porto Alegre), der seit 1932
eine umfangreiche May-Ausgabe herausgab, druckte 1948/49
Nachauflagen von „Durch die Wüste", „Durchs wilde Kurdistan",
„In den Kordilleren" und „Winnetou I–III". Als „Karl Mays Werke"
veröffentlichte Globo 1955 die Reihe in neuer Ausstattung
(10 Bde.). Fast alle der bei Globo vor 1945 erschienenen Titel
(Bde. 1–23, 35–39 und 41 des Karl-May-Verlages) sind bis 1986
in verschiedenen Auflagen verbreitet worden (z. B. „Winnetou I",
9. Aufl. 1985, „Der Ölprinz", 3. Aufl. 1986). Die Verlage Abril (São
Paulo) und Tecnoprint (Rio de Janeiro) edierten 1973 bzw. 1978/82
„Winnetou"-Teilausgaben. Zuletzt erschien in Brasilien „Am Stillen Ozean" (Globo, Porto Allegre 1986).

In Portugal kamen 1963 erstmals Karl-May-Bände in die Buchhandlungen, doch stellte der Verlag Pórtico (Lissabon) schon 1969
seine Edition wieder ein. Bei Pórtico erschienen u. a. „Der Schatz
im Silbersee" (1963), „Winnetou" (1965) und Teile des Orientzyklus. Seit den zwei „Winnetou"-Bänden, die Livraria Bertrand (Lissabon und Amadora) 1966/67 und 1974 veröffentlichte, sind in
Portugal keine weiteren May-Bücher gedruckt worden.

Ivrit (Neuhebräisch). Nach dem „Sohn des Bärenjägers" (1942)
brachte 1948 der Verlag Yizrael (alle Verlage: Tel Aviv) den „Geist
des Llano estakado" heraus. Der Höhepunkt der May-Rezeption
war in den fünfziger Jahren, als drei Verlage konkurrierten. Die
umfangreichste Ausgabe legte der Tevel-Verlag (1952/56, 17 Bde.)
vor, in die „Der Ölprinz" (1952) sowie vier weitere Jugenderzählungen und die „Winnetou"-Trilogie aufgenommen wurden. Der
Verlag Selekowitz (1953/57 und 1969/72, 9 Bde.) edierte u. a. „Silberlöwe I/II" (1953), „Der Schut" und Teile der „Mahdi"-Trilogie
(alle 1954). Der Verlag Niv (1954/55, 8 Bde.) komplettierte seine
„Winnetou"-Reihe mit „Winnetous Erben" (1954). Seit 1961 erschienen in zehn Verlagen May-Titel, zumeist in Einzelausgaben:
„Satan und Ischariot II/III" (Amichai, 1961/65), „Winnetou I–IV"
(Ramdor, 1965) und „Durchs wilde Kurdistan" (Modan, 1985). Die

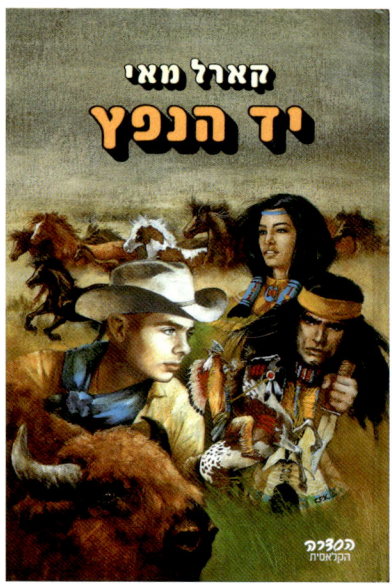

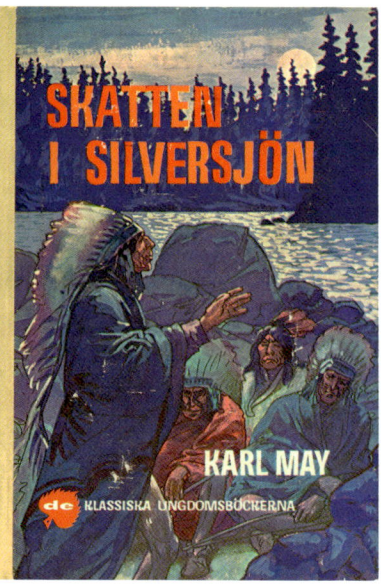

Ivrit (Neuhebräisch). Winnetou I (Old Shatterhand), Maariv, Tel Aviv, 1991

Schwedisch. Der Schatz im Silbersee, Lindblad,
Stockholm, 1963

Verlage Yessod (1970/71, 14 Bde.) und Yaad (1971/74, 5 Bde.) veröffentlichten Nachdrucke der Ausgaben ab 1952. Auf jugendliche
Leser zielten eine Heftreihe (Massada, 1968) und der Comic „Der
schwarze Mustang" (Arje, 1978). Nach einer „Winnetou"-Teilaus-
gabe des Verlages Maariv („Old Shatterhand", 1991; „Winnetou –
Shatterhand", 1994) sind keine weiteren May-Bände in Israel
ediert worden.

　　Schwedisch. Der Verlag Ardor (Stockholm) eröffnete 1948 mit
„Der schwarze Mustang" und „Der Geist des Llano estakado" ein
neues Kapitel der May-Rezeption in Schweden. Gleichzeitig
knüpfte B. Wahlström (Stockholm) mit einer Nachauflage von „Old
Shatterhand und die Apachen-Indianer" an die schon seit Jahrzehnten bestehende Verlagstradition der Edition von May-Titeln
an. Der Verlag J. A. Lindblad (Uppsala) ergänzte 1951 das Buchan-
gebot für May-Freunde mit „Der Schatz im Silbersee" (2. Aufl.
1963), „Der schwarze Mustang" (1952) und „Im Todestal" (1955).
Außerdem veröffentlichten in den Jahren 1954 bis 1956 noch drei
Stockholmer Verleger (Bonnier, Sv. Läraretidning und B. Wahl-

ström) weitere Ausgaben der Jugenderzählungen „Der Sohn des Bärenjägers" und „Der Geist des Llano estakado". Aber nur der Verlag B. Wahlström setzte seine May-Edition von 1960–1963 mit Teilausgaben des „Winnetou" fort und schloss die Reihe 1964 mit „Im Todestal" und „Der schwarze Mustang" ab. Nur die Nachauflage dieser Erzählung bei Lindblad unterbrach 1977 die inzwischen schon vier Jahrzehnte andauernde May-Abstinenz in Schweden.

    Bahasa-Indonesia. 1950 erschien bei Nordhoff-Kolff (Jakarta) „Der Ölprinz", gefolgt von „Winnetou III" (1950/51), „Winnetous Erben" (1951) und „In den Schluchten des Balkan" (1952). 1962 begann der Verlag Pradnya Paramita (Jakarta) eine May-Edition, in der die Erzählungen jeweils auf mehrere Hefte aufgeteilt sind. Bis 1966 wurden in der Amerikaserie zwölf May-Erzählungen, darunter „Winnetou I–IV", die „Satan"-Trilogie und „Der schwarze Mustang", sowie in einer zweiten Serie der Orientzyklus, „Silberlöwe I" und „Die Sklavenkarawane" herausgegeben. Ab 1972 ist

Bahasa – Indonesia. Durch die Wüste (Teilausgabe), Pradnya Paramita, Jakarta, 1980

die Ausgabe komplett nachgedruckt und ergänzt worden, u. a. mit
„Das Buschgespenst" (1980), „Schloss Rodriganda" (1981) und „Die
Pyramide des Sonnengottes" (1986). Die May-Edition des Verlages Pradnya Paramita umfasst 25 Titel, unterteilt in insgesamt
67 Teilbände (entspricht in der Werkausgabe des Karl-May-Verla-
ges Bde. 1–9, 15 f., 20–22, 24, 26, 33, 35–39, 41, 51 f. und 64).
Von einzelnen Titeln sind später ohne Unterteilung Paperback-
Ausgaben erschienen (u. a. „Winnetou II", „Der Schatz im Silber-
see", beide 2002). Im Jahr 1961 begann Dua Tiga Publishing Co.
(Semarang, Java) mit der Herausgabe von May-Büchern, kam aber
über die ersten beiden „Winnetou"-Bände und einen Teilband „Das
Vermächtnis des Inka" nicht hinaus. Ab 1976 veröffentlichte der
Verlag Gramedia (Jakarta) insgesamt 13 Karl-May-Comics, darunter die „Winnetou"-Trilogie und „Der Sohn des Bärenjägers"
(1985). Es handelt sich fast ausschließlich um Übernahmen aus
Editionen holländischer (Oberon) und spanischer (Bruguera) Verlage. Da in Indonesien durchweg nur stark bearbeitete May-
Bücher auf den Markt kamen, setzt sich eine indonesische Karl-
May-Gesellschaft für Neuübersetzungen auf der Grundlage der
deutschen Originaltexte ein. Als Ergebnis dieser Bemühungen sind
erschienen: „Und Friede auf Erden!" bei Kepustakaan Populer Gramedia (KPG), Jakarda 2002, ferner die „Winnetou"-Trilogie
(2003/04), „Durch die Wüste", „Durchs wilde Kurdistan" (beide
2005), von den Jugenderzählungen „Der Sohn des Bärenjägers"
und „Der Geist des Llano estakado" (beide 2006) sowie ein Sammelband „Wüste und Prärie I" (2004) mit „Ein Ölbrand", „Inn-nu-
woh" und weiteren Erzählungen (sämtlich Pustaka Primatama,
Jakarta).

Slowenisch. In Maribor, wo zwischen 1928 und 1937 schon
ein anderes Unternehmen eine umfangreiche Werkausgabe
herausgab, wurden ab 1952 wieder May-Ausgaben gedruckt. Im
Verlag Obzorja erschienen komplett „Winnetou" (1952/53), „Im
Lande des Mahdi" (1954/55) und „Satan und Ischariot" (1955/56).
Der Verlag Mladinska knjiga (Ljubljana) begann 1962 eine May-
Edition, in der zunächst die ausgewählten Titel in je drei durch-
paginierte Teilbände aufgeteilt wurden (u. a. „Winnetou I–IV",
1962/63, 12 Bde.). Der Verlag startete 1967 eine Werkauswahl,
deren Bände sich in Text, Format und Ausstattung (einschließlich

Slowe-
nisch.
Der Öl-
prinz,
Mladinska
knjiga,
Ljubljana,
1967

Übernahme der Landkarten-Vorsatzblätter) an der Bamberger Ausgabe orientierten. Die farbigen Deckelbilder der Reihe sind sämtlich Arbeiten des slowenischen akademischen Malers Nikolaj
Omersa (1911–1981), der mit seinen Jugendbuchillustrationen
bekannt wurde. Auch durch ihren Umfang (45 Bände bis 1972)
blieb die Edition in Osteuropa vor 1989 unerreicht. Von den ers-

ten 23 Bänden des Karl-May-Verlages fehlen nur „Sand des Verderbens" und „Am Stillen Ozean". Aus dem Alterswerk sind zwei „Silberlöwe"-Bände und „Winnetous Erben" ausgewählt worden. Weiter gehörten zu den Textvorlagen die Jugenderzählungen (außer „Methusalem") sowie die Bamberger Bände 44–46, 50–55, 61–65 und „Der Waldläufer". Nur noch wenige Nachauflagen, vor allem von „Winnetou I–III", erschienen zwischen 1975 und 1983. Auf der nachfolgenden zwölfjährigen Durststrecke hatten die slowenischen May-Leser wenigstens teilweise Ersatz durch die 1989 von Adit (Ljubljana) produzierte Hörspiel-Fassung der „Winnetou"-Trilogie (6 Audio-Kassetten). In den Jahren 1995/96 griff der Verlag Littera (Ljubljana) auf die ab 1928 in Maribor erschienene May-Ausgabe zurück und brachte Nachdrucke von „Durch die Wüste" sowie der Bände 3–5 des Orientzyklus in jeweils vier Teilbänden auf den Markt; seitdem fehlen in Slowenien May-Titel in den Buchhandlungen.

Rätoromanisch (Rätisch). Bereits in den fünfziger Jahren wurde in der May-Literatur auf die Existenz einer May-Übersetzung in die vierte Landessprache der Schweiz, ins Rätoromanische, hingewiesen, ohne weitere Angaben zu machen. Dass die Suche erst im Jahr 2004 erfolgreich war, erklärt sich wohl aus der Publikationsart, denn die Übersetzung fand sich schließlich im Feuilleton einer rätoromanischen Lokalzeitung in Graubünden. Vom April 1953 bis September 1960 brachte die zweimal pro Woche in Disentis erscheinende „Gasetta Romontscha" auf der Titelseite die „Waldröschen"-Reihe in nahezu 450 Fortsetzungen.

Italienisch. Mit dem Titel „Der König der Apachen" („Winnetou I") knüpfte 1953 der Verlag Carroccio (Mailand) an die May-Rezeption der dreißiger Jahre an. Nach einer „Old Surehand"-Teilausgabe des Verlages Bompiani (Mailand) im Jahr 1955 brachte Salani Editore (Florenz) „Das Vermächtnis des Inka" (1960) heraus und ließ zwischen 1961 und 1964 eine bearbeitete dreibändige „Winnetou"-Ausgabe folgen. Erst durch die Ausgaben der Edizioni Paoline (Catania) konnten in Italien ab 1972 die Liebhaber spannender Abenteuerliteratur feststellen, dass der deutsche Emilio Salgari Karl May heißt! In rascher Folge erschienen die „Winnetou"-Trilogie (1972/73), „Old Surehand I–II", eine Teilausgabe des Orientzyklus (1972/74) und „Der Ölprinz" (1974). In die Reihe wur-

den „Der Schatz im Silbersee" (1975), aber auch die selten über-
setzten Titel „Zepter und Hammer" (1981), „Die Juweleninsel"
(1977), „Das Buschgespenst" (1978) und „Der Fremde aus Indien"
(1974) aufgenommen. Nach 1981 ist nur noch der May-Titel
„Menschenjäger" (Bariletti, Rom 1990) auf der Apenninenhalbin-
sel verlegt worden.

Englisch. Mit dem Buch „In the Desert" unternahm 1955 der
Ustad-Verlag (Bamberg) gemeinsam mit C. A. Willoughby (New
York) den vergeblichen Versuch, ein May-Werk im englischen
Sprachraum zu verbreiten. Erst 1971 verlegte Neville Spearman
(London) in einer Auflage von je 3000 Exemplaren „Canada Bill"
(mit „Joe Burkers, das Einaug", „Das sprechende Leder") und „Capi-
tain Cayman". In dem 1979 erschienenen Sammelband „Travel
adventure stories" des Verlages Gallery Press (London) ist Karl May
mit „The sands of destruction" („Sand des Verderbens" = „Er Raml
el Helahk") vertreten. Der Artia-Verlag (Prag) veröffentlichte 1984
eine Übertragung dieses Bandes ins Deutsche, den „Abenteuerge-
schichten der Weltliteratur" wurden Illustrationen von Zdenek

Rätoromanisch (Rätisch). Schloss Rodriganda,
Zeitung „Gasetta Romontscha", Mustér, 1953

Italienisch. Die Juweleninsel, Paoline, Catania,
1977

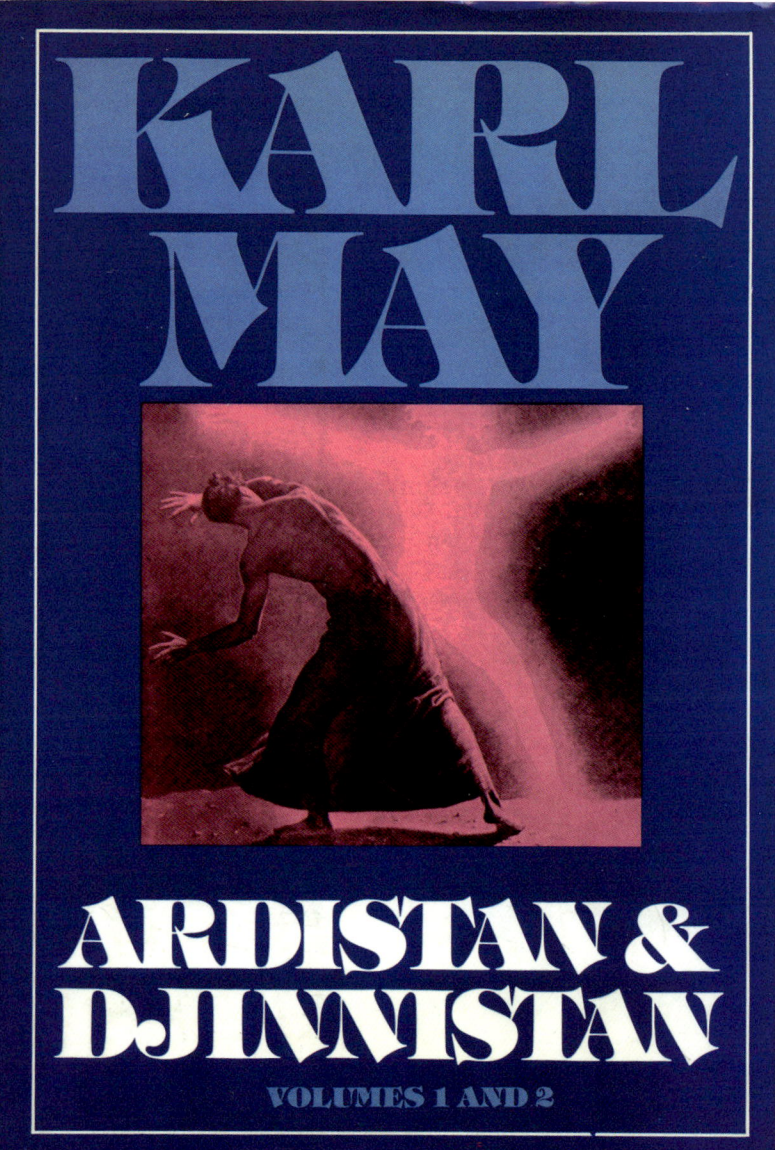

Englisch. Ardistan und Dschinnistan I/II, Seabury Press, New York, 1977

Burian beigegeben. Mit dem Anspruch, Karl Mays Werke in guten Übersetzungen dem US-Publikum zugänglich zu machen, startete der Verlag Seabury Press (New York) im Jahr 1977 gleich drei Serien: Alterswerk („Ardistan and Djinnistan"), Amerika („Winnetou", 2 Bde.) und Orient („In the Desert"). Doch nur in der Orientreihe erschienen 1979 noch vier Bände („Von Bagdad nach Stambul" bis „Der Schut"), die dem Verlag aber auch nicht die erhofften Verkaufszahlen brachten, sodass das Vorhaben abgebrochen wurde.

Einen weiteren Versuch gab es 1980 durch den Verlag Bantam Books (New York), der von Bertelsmann übernommen worden war. Bantam erwarb von Seabury die Taschenbuchrechte, verwertete sie aber nur für die drei Titel aus dem Jahr 1977. Die „Winnetou"-Trilogie in einem Großband brachte 1998 der Verlag Continuum (New York). Die Washington State University Press (Pullman, WA) beschränkte sich 1999 dagegen auf „Winnetou I", reichte aber 2003 noch die Jugenderzählung „Der Ölprinz" nach. Der Verlag Nemsi Books (Pierpont, SD) begann im Jahr 2002 mit der Reihe „Oriental odyssey", in der bis 2005 (5 Bde.) nur „Durch die Wüste" bis „Von Bagdad nach Stambul" realisiert worden sind. Mit der Aufnahme von „Der Schatz im Silbersee" und „Der Geist des Llano estakado" (beide 2005) in das Verlagsprogramm trug Nemsi Books mit dazu bei, dass Mays Werk weiter in den USA Fuß fasst.

Auf ihrer Suche nach verwertbaren Texten entdeckten auch Internet-Firmen Karl May. So begann Anfang 2006 die Objective Systems Pty Ltd. (Paddington, Australien; Homepage: www.Read-HowYouWant.com), Nachdrucke (printing on demand) der Übersetzungen von Marion Ames Taggart aus den Jahren 1898/99, richtigerweise unter Mays Autornamen, im Netz anzubieten und sorgte mit Paperback-Ausgaben für eine neue Verbreitung von „Winnetou, the Apache Knight", „Treasure of Nugget Mountain" und der „Mahdi"-Teilausgabe „Jack Hildreth on the Nile". Ab Juni 2006 nahm Kessinger Publishing (Whitefish, MT) die drei Taggart-Bearbeitungen auch unter Mays Namen in seine Paperback-Reihe „Kessinger Publishing's Rare Reprints" auf, es sind aber ebenfalls Drucke im Neusatz. Eine weitere Internet-Firma mit May-Titeln ist BookSurge Publishing (Charleston, SC; Homepage: www.booksurgepublishing.com), 2006 nahm sie Paperback-

Ausgaben (printing on demand) in ihr Programm auf: „Weihnacht!", „Winnetou II", „Winnetous Erben" und „Der schwarze
Mustang" – die Reihe wird fortgesetzt.

Isländisch. Fast ein halbes Jahrhundert war seit der Erstübersetzung vergangen, als 1957 der Verlag Leiftur (Reykjavik) begann,
Mays Werke herauszugeben. Bei der Übersetzung wurden die Vorlagen stark gekürzt, Eingriffe bei den Personennamen der May-
Figuren vorgenommen und in der Regel auch nicht die Original-
titel verwendet. In dieser Textgestalt erschienen „Halbblut" (1957),
„Der Sohn des Bärenjägers"/„Der Geist des Llano estakado"
(1958/59), die Anfangskapitel von „Old Surehand I" (1964) und
„Der Schatz im Silbersee" (1965/66).

Tschechisch. Im Unterschied zu anderen osteuropäischen Ländern gab es in der Tschechoslowakei keine unmittelbaren Nach-

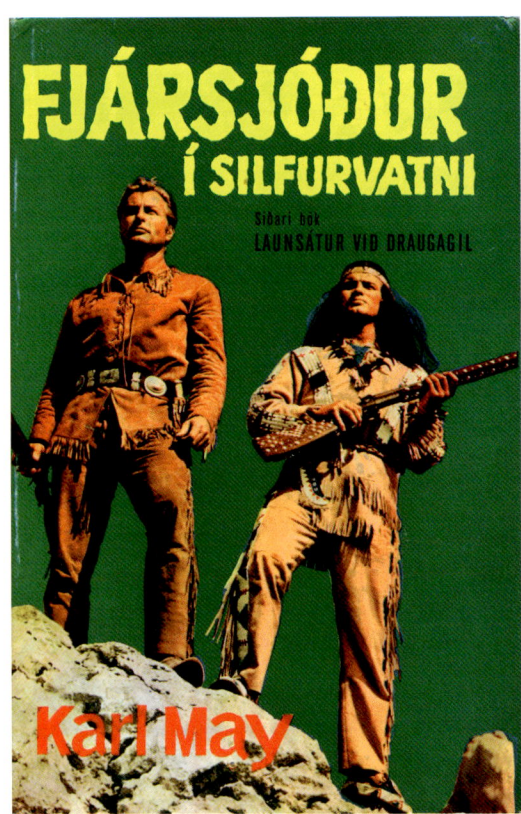

Isländisch.
Der Schatz im
Silbersee
(2. Halbband),
Leiftur,
Reykjavik, 1966

Tschechisch.
Das Vermächtnis des In-
ka, Toužimský & Mora-
vec, Praha, 1993

kriegsausgaben. Erst 1958/59 eröffnete der spätere Albatros-
Verlag (Praha) mit zwei Jugenderzählungen („Der Sohn des Bärenjägers"/„Der Geist des Llano estakado") seine Edition, die wegen
der Burian-Illustrationen von Sammlern sehr begehrt ist. Zu ihr
gehören neben „Winnetou" (1964), „Old Surehand" (1971) und
„Satan und Ischariot" (1974) auch ein Erzählungband (1974) und
fünf weitere Jugenderzählungen (1968–1972), die 1991 mit „Der
Schatz im Silbersee" komplettiert wurden. Seit 1970 ediert der
Olympia-Verlag (Praha) eine May-Reihe (bis 1995 24 Bde., Illustra-
tionen G. Krum), in die der Orientzyklus (1970/73), der Sendator-
Roman („Am Rio de la Plata"/„In den Kordilleren", 1974/75), die
„Mahdi"-Trilogie (1976/79), „Old Surehand" (1984/85) und
ab 1981 ausgewählte Jugenderzählungen aufgenommen wurden.
1992 verlegte Olympia die Autobiografie sowie „Winnetous
Erben" und begann mit dem Nachdruck des Orientzyklus und von
„Old Surehand" (bis 1994). Mit „Das Buschgespenst" (1995) und
„Der Fremde aus Indien" (1994) ergänzte Olympia seine May-
Edition.

Immer mehr Verlage erweiterten seit 1990 ihr Angebot an May-Büchern. Zunächst erschienen 1990 „Winnetou" und „Kapitän Kaiman" bei Kentaur (Praha), gefolgt von Heftausgaben einzelner Jugenderzählungen (1991) in den Prager Verlagen Magnet-Press und Comet. Ein neu gegründeter Buchklub (Tschechischer Literatur-Klub, Praha) startete 1991 mit dem „Geist des Llano estakado". Der Verlag Laser, Plzeň (12 Bde.) veröffentlichte „Winnetou IV" (1990), die „Satan"-Trilogie (1991/92) sowie den „Silberlöwen" und „Ardistan und Dschinnistan" (1992). Wie Laser stützten sich auch die Verlage GABI, Český Tešín (1992/97 27 Bde., u. a. „Und Friede auf Erden", die „Mahdi"-Trilogie, der Sendator-Roman, „Am Jenseits", „In Mekka" und „Der Ölprinz") und Návrat

Afrikaans. Winnetou I, van Schaik, Pretoria, 1962

(Brno) oft auf die Textfassungen der Vorkriegsausgabe von Toužimský & Moravec (Praha). Der Verlag Návrat ediert seit 1993 die umfangreichste tschechische May-Ausgabe aller Zeiten, die mit ihren zwei Serien das Konzept von T & M aufgreift. In der kleinen Serie „Abenteuer in der ganzen Welt" (1993/2002, 47 Bde.) sind „Winnetou I–IV" (1993/94), die Lieferungsromane „Deutsche Herzen, deutsche Helden" (5 Bde., 1993), „Waldröschen" (8 Bde., 1994) und „Der verlorene Sohn" (15 Bde., 1995/99), aber auch Sammelbände mit exotischen („Quimbo", 2000) und deutschen Handlungsorten (Dessauer-Erzählungen, Erzgebirgische Dorfgeschichten) zusammengefasst. Die große Serie (1994 ff., 81 Bde. bis 2006) ist eine „Luxus-Ausgabe mit farbigen Illustrationen", in die nochmals „Deutsche Herzen" (12 Bde., 2000/05) und „Der verlorene Sohn" (2004 ff.) aufgenommen wurden, außerdem „Der Weg zum Glück" (12 Bde., 1997/2002), sämtlich in Neuübersetzung der Bargfelder Historisch-kritischen Ausgabe. Hinzu kommen der „Zepter und Hammer"-Doppelroman (1995/96), die „Quitzows" (1999), die „Satan"-, „Mahdi"- und „Old Surehand"-Trilogien (1995/97, 2002/03, 2006/07), Jugenderzählungen und natürlich „Winnetou I–IV" (1997–1999). Das Alterswerk ist mit dem „Silberlöwen" (1995/98), „Ardistan und Dschinnistan" (1998/99) und „Am Jenseits" (2000/02) vertreten. Der Verlag Toužimský & Moravec (Praha) wurde 1990 neu gegründet und edierte Kurzerzählungen (1991/92), „Weihnacht" (1992, 2. Aufl. 1997), „Winnetou I–III" (2006/07), fast alle Jugenderzählungen (darunter: „Das Vermächtnis des Inka", 1993; „Der Schatz im Silbersee", 1994; „Der Ölprinz", 1997) sowie Sammelbände („Quimbo", 1995). Einzelne Titel von GABI brachte ab 1999 Oddych (ebenfalls Český Těšín) in Nachauflage, darunter „Die Gum" (1999) und „Der Krumir" (2001). Eine Übersetzung der Nixdorf-Bearbeitung „Winnetou und Old Shatterhand" (Erlangen 1992) brachte Fortuna Print (Praha) 1997 in die Buchhandlungen. Die zuletzt 1992 von Laser (Plzeń) veröffentlichte Serie „Im Reiche des silbernen Löwen" (8 Bde., einschl. „Ardistan und Dschinnistan") wurde 2000 nochmals von Levné knihy KMa (Praha) verlegt.

Afrikaans. Zwei südafrikanische Verlage wurden vermutlich 1962 durch das May-Jubiläum angeregt, zwei May-Bände übersetzen zu lassen. Bei Human & Rousseau (Kapstadt) erschien „Deur

Dänisch.
Unter Geiern,
Skandinavisk Bogforlag, Odense, 1962

die woestyn" und im Verlag van Schaik (Pretoria) „Winnetou. Opperhoof van die Apache-Indiane".

Dänisch. Ebenfalls auf das Jahr 1962 beschränkt blieb die Herausgabe von May-Erzählungen in Dänemark. Nachdem zuletzt 1943 der Verlag Erichsen (Kopenhagen) May-Bände verlegt hatte, veröffentlichte der Skandinavisk bogforlag (Odense) eine 6-bändige Taschenbuchreihe, in die hauptsächlich Jugenderzählungen („Die Sklavenkarawane", „Der Schatz im Silbersee", „Das Vermächtnis des Inka", „Der Sohn des Bärenjägers"/„Der Geist des Llano estakado"), aber auch zwei Bände der „Mahdi"-Trilogie aufgenommen wurden.

Sundanesisch. Unter dem Titel „Rajapati" veröffentlichte 1966 ein Kleinverlag in Bandung eine Teilausgabe von „Winnetou I" in Sundanesisch, einer eigenständigen Sprache in Indonesien, die im Westen von Java gesprochen wird. Als Übersetzungsvorlage wurde eine Ausgabe des Becht-Verlages (Amsterdam) aus dem Jahr 1925 verwendet. Eine Neuausgabe des Buches brachte Girimukti Pasaka (Bandung) im Jahr 1997 heraus.

Japanisch. Der Verlag Enderle shoten (Tokyo) begann 1977 mit der Herausgabe einer May-Reihe, die auf 20 Bände konzipiert war, aber bereits nach dem achten Band nicht mehr fortgeführt wurde. In jeweils zwei Halbbänden erschienen die Reiseerzählungen

Sundanesisch. Winnetou I, Girimukti Pasaka, Bandung, 1997

„Durch die Wüste" (1977/78), „Durchs wilde Kurdistan" (1979/81),
„Winnetou I" (1978/80) und „Der Schatz im Silbersee" (1978/79).
Ursprünglich sollten der Orientzyklus und die „Winnetou"-Trilogie
komplett herausgegeben werden. 1992 verlegte Arechi Shuppansha (Tokyo) einen Sammelband „Schamah", der auch die
Novellen „Merhameh" und „Eine Befreiung" enthielt. Dem Übersetzer Shiro Yamaguchi gelang es ein Vierteljahrhundert später,
doch noch seine „Winnetou"-Übertragung in einem Verlag unter-
zubringen. Bei Chikuma shobo (Tokyo) erschien 2003 „Winnetou"
(2 Bde.), bei dem Yamaguchi im zweiten Band Teile von „Winnetou II" und „Winnetou III" der deutschen Ausgabe zusammen-
fasste.

Mazedonisch. Zu einem Zeitpunkt, als in anderen Teilrepubli-
ken Jugoslawiens der Zenit der May-Rezeption schon überschrit-
ten war, brachte 1978 der Verlag Nova Makedonija (Skopje) den
„Schatz im Silbersee" (2 Bde.) in einer illustrierten Ausgabe heraus.
Mit der Edition der „Winnetou"-Trilogie (1996/97) trug der Verlag
Detska radost (Skopje) zur weltweiten Verbreitung von Mays
bekanntester Reiseerzählung bei.

Mazedonisch.
Der Schatz im Silbersee
(1. Halbband),
Nova Makedonija,
Skopje, 1978

Japanisch. Schamah, Arechi Shuppansha, Tokyo, 1992

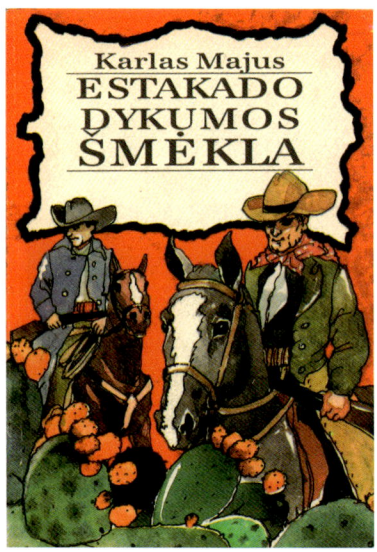

Litauisch. Der Geist des Llano estakado, Amzius, Vilnjus, 1993

Vietnamesisch. Das Vermächtnis des Inka, Ngoai Văn, Hanoi, 1988

Litauisch. Mit „Vinetu I" wurde 1986 durch den Verlag Mintis (Vilnjus) erstmals ein Karl-May-Buch in der damaligen Sowjetunion verlegt. Ähnlich wie in Bulgarien ging dazu auch hier vom Übersetzer, Teodoras Četrauskas, die Initiative aus. Die Trilogie ist 1988 komplettiert worden. Eine Nachauflage der „Winnetou"-Trilogie brachte 1999/2000 der Verlag Vaiga (Kaunas), der sie 2003 auch als Hörbuch (3 CDs) veröffentlichte. In weiteren Neuübersetzungen von Četrauskas erschienen 1991 „Der Schatz im Silbersee" (Mintis), 1993 „Der Geist des Llano estakado" (Amzius, 1994 bei Imone; beide Vilnjus) und 1994 „Der Sohn des Bärenjägers" (Agora, Vilnjus). Dagegen griff der Verlag Aušra (Kaunas) in seiner May-Edition auf Titel zurück, die in Litauen bereits 1929 bzw. 1937/38 herausgegeben wurden: „Durch die Wüste" (1990) und „Durchs wilde Kurdistan" (1990/91). Auch die Ausgaben „Der schwarze Mustang" (Mintis, Vilnjus 1993) und „Kapitän Kaiman" (Vaiga, Kaunas 1994) sind Nachdrucke aus den Jahren 1939/40. Erstmals in Litauen erschien „Weihnacht" 1997 bei Agora (Vilnjus). Zur Erweiterung der Palette trug ebenfalls der Verlag Vaiga bei mit einer zweibändigen „Surehand"-Ausgabe (1997/98, 1999 Audio),

„Im Tal des Todes" (1998, 2000 Audio) und „Der Derwisch" (1999). Schließlich erschienen bei Vaiga noch „Der Ölprinz" (1998), „Das Vermächtnis des Inka" (1999) und „Die Felsenburg" (2001). In der Anthologie „Die schwarze Galeere" (Alma littera, Vilnjus 2002) ist Karl May mit „Schneesturm" („Der Blizzard", Übersetzung T. Četrauskas) vertreten.

Vietnamesisch. Der Verlag Ngoai Văn (Auslandssprache), Hanoi, brachte 1988 mit Unterstützung des Karl-May-Verlages die Jugenderzählung „Das Vermächtnis des Inka" als Taschenbuch heraus, das mit einem Vorwort ausgestattet wurde.

Estnisch. Im Jahr 1990 begann der Verlag Eesti Raamat (Tallinn) mit der Edition der „Winnetou"-Trilogie in einer Heftausgabe (5 Hefte je Band). Die Reihe wurde nach dem achten Heft abgebrochen. Mehr Erfolg hatte die „Winnetou"-Ausgabe (1990/92)

Estnisch.
Winnetou III,
Kupar,
Tallinn, 1992

Russisch. Durch Wüste und Harem (Bibliothek Vokrug sveta), Priboj, Moskva, 1993

des Verlages Kupar (Tallinn). Bis zu diesem Zeitpunkt kannte man May in Estland nur durch „Winnetou", da schon 1932/34 bei der Erstübersetzung auf die Zugkraft der Abenteuer des Apachen gesetzt worden war. Der Verlag Monokkel (Tallinn) brachte 1996/1999 drei Karl-May-Titel heraus, in denen die Leser Kara Ben Nemsis Orientreise zwischen Kurdistan und den Schluchten des Balkan verfolgen können. Mit „Durch Wüste und Harem" ergänzte zwar der Verlag Tormikiri (Kuressaare) 1997 sinnvoll den Orient- zyklus, der dennoch in dem baltischen Staat ein Torso blieb.

Russisch. Noch vor dem Zerfall der Sowjetunion druckte im Sommer 1991 das Moskauer Journal „Vokrug sveta" (Um die Welt) die Erzählung „Robert Surcouf". Als Supplement dieser Zeitschrift waren 1891/92 erstmals May-Erzählungen in Russland veröffent- licht worden. Auf jene Supplement-Tradition besann sich die Redaktion, als sie 1991 die „Bibliothek Vokrug sveta" gründete und darin auch „Robert Surcouf" aufnahm. Im Herbst 1991 erschienen als erste May-Bücher „Der schwarze Mustang" (Kron-press) und – gemeinsam mit einem Aimard-Roman – „Winnetou, Führer der Apachen" (Interpraks, beide Moskau). Aus der Interpraks-Ausgabe löste 1992 der in Belorussland ansässige Verlag Zolak (Minsk) den May-Text heraus und veröffentlichte ihn ebenfalls unter dem Titel „Winnetou, Führer der Apachen". Auch in der Ukraine wurden 1992 zwei May-Werke in russischer Sprache verlegt. Gemeinsam mit einer Erzählung von Clifford Irving nahm Paritet Ltd. (Charkov) „Timpes Erben" (Halbblut) in seine Reihe „Western Bibliothek" auf. „Winnetou, Führer der Apachen" erschien in einer Gemeinschafts- ausgabe bei Luč (Kiev) mit zwei weiteren Verlagen. Ebenfalls „Win- netou I"-Übersetzungen brachten 1992 die Verlage Parus und Galateja sowie 1993 Lakar (alle Moskau) heraus, in zwei Bänden erschien „Winnetou" beim Sred.-Ural. Buchverlag (Jekatarinenburg 1993/94) und 1994 bei „Tjumen" (Tjumen). Die erste Komplettaus- gabe der „Winnetou"-Trilogie edierte 1991/92 der Verlag Olimp (Moskau). Durch den Verkaufserfolg ermutigt, eröffneten 1992 Olimp und der Verlag PPP (Moskau) eine May-Reihe mit „Winne- tou" (2. Auflage), dem 1993 „Im wilden Westen" („Der Sohn des Bärenjägers"/„Der Geist des Llano estakado") und die „Surehand"- Trilogie folgten. Das Olimp-Projekt veranlasste wiederum die Herausgeber der „Bibliothek Vokrug sveta" (Verlag Priboj, Moskau), ebenfalls eine May-Reihe in ihre Edition zu integrieren. 1993/1996 erschienen – zusammengefasst in 15 Bänden – vom Orientzyklus nur „Durch Wüste und Harem" bis „Von Bagdad nach Stambul", die kompletten „Winnetou"-, „Surehand"- und „Satan"-Trilogien, „Der Schatz im Silbersee" und weitere drei Jugenderzählungen, einzelne Sammelbände („Am Stillen Ozean") sowie aus dem Altterswerk „Winnetous Erben". Zu den Verlagen mit einzelnen May-Titeln gehört Lenizdat (St. Petersburg), der 1993 „Winnetou I" und „In der Wüste und im Harem" auf den Markt brachte. In einem Buch vereinte ebenfalls 1993 Licej (St. Petersburg) „Winnetou/Im wilden Westen", während der Verlag Fizkultura i sport (Moskau) nur „Im wilden Westen" verlegte. Außerhalb der großen Reihen erschien „Der Schatz im Silbersee" 1993 in einer Gemeinschaftsausgabe von Janus (Perm, Russland) und Fylym (Alma Ata, Kasachstan) sowie 1994 im Verlag Respublika (Moskau). Mit dem „Schatz im Silbersee", „Der Sohn des Bärenjägers"/„Der Geist des Llano estakado" (beide 1996) und „Winnetous Erben" (1999) brachte der Verlag Terra (Moskau) zunächst nur Einzeltitel auf den

Lettisch. Der Schatz im Silbersee, Avöts, Riga, 1994

Griechisch. Winnetou I, Palindrome, Pallene, 1994

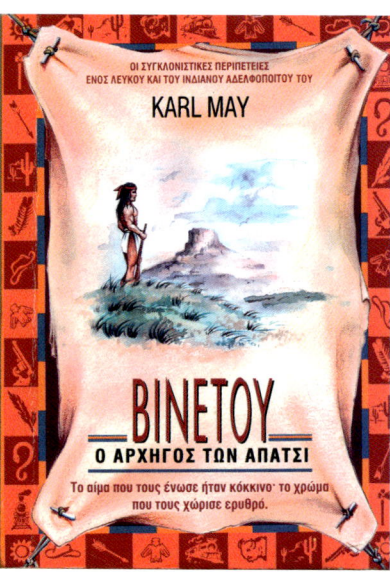

Lateinisch. Winnetou III,
Karl-May-Verlag,
Bamberg-Radebeul, 1998

Markt, verwöhnte dann aber 2001/02 in seinem „Buchklub Literatura" die May-Freunde unter den Mitgliedern mit einer zwölfbändigen Reihe. In ihr erschienen erstmals in Russland der komplette Orientzyklus und „Der Ölprinz", fehlen durften aber nicht die „Winnetou"-Trilogie und die beiden erstmals 1996 verlegten Jugenderzählungs-Bände.

Lettisch. Mit der Herausgabe der Jugenderzählung „Der Schatz im Silbersee" im April 1994 durch den Verlag Avŏts (Riga) sind Mays Werke wieder im gesamten Baltikum verbreitet.

Griechisch. Durch einen Buchhandelskatalog wurde ein May-Freund 1996 während eines Urlaubsaufenthaltes auf „Winnetou, der Häuptling der Apachen" (Palindrome, Pallene 1994) aufmerksam. Die sich anschließende Suche nach einem Beleg der Rarität erwies sich als schwierig, da der Verlag zu diesem Zeitpunkt schon nicht mehr existierte. Die Übersetzung konnte nur auf antiquarischem Wege erworben werden, sie ist noch in keiner Bibliothek nachgewiesen worden und fehlt bislang auch in der griechischen Nationalbibliografie.

Lateinisch. Im Jahr 1998 überraschte der Karl-May-Verlag nicht nur die Sammler von fremdsprachigen Ausgaben mit einer

Esperanto. Eine Befreiung, Karl-May-Verlag, Bamberg-Radebeul, 1999

Übersetzung des Bandes „Winnetou III" in klassischem Latein. Viele Schüler und Liebhaber der lateinischen Sprache griffen nach dem Band in der Ausstattung der grünen Reihe, sodass die Auflage recht schnell vergriffen war.

Esperanto. Da der Karl-May-Verlag über die Jahrzehnte hinweg verschiedene May-Übersetzungen in sein Programm aufgenommen hatte, konnte er auch für ein Buchprojekt gewonnen werden, das ihm ein Mitglied des Wissenschaftlichen Beirates Karl-May-Haus vorschlug und dann realisierte. 1999 erschien in dem Bamberger Verlag „Liberigo – Eine Befreiung". Die Ausgabe enthält eine Übersetzung der Reiseerzählung in die Kunstsprache und ist durch den beigefügten reprografischen Nachdruck aus der Erstveröffentlichung „Die Rose von Kaïrwan" (1894) sowohl für Esperantisten als auch für May-Freunde interessant.

Chinesisch. Der Verlag China Womens Publishing House (Beijing) begann im Dezember 1998 mit der Herausgabe einer May-Edition auf der Grundlage der Ausgabe des Karl-May-Verlages, deren Deckelbilder bei der Einbandgestaltung adaptiert wurden. Innerhalb von nur zwei Monaten erschienen 21 Bände, die auch in einer Kassette zur Auslieferung kamen. Die Reihe, sämtliche Bände mit dem Copyright-Vermerk 1999, umfasst den Orientzyklus, die „Winnetou"-Trilogie, den zweibändigen „Old Surehand", „Kapitän Kaiman", die Sammelbände „Sand des Verderbens" und „Auf fremden Pfaden". Aus den Jugenderzählungen berücksichtigte die Auswahl „Der Schatz im Silbersee", „Der Ölprinz" und „Die Sklavenkarawane". Vermutlich ist die Ausgabe vom Verlag abgebrochen

Chinesisch. Der Schut, China Womens Publishing House, Beijing, 1999

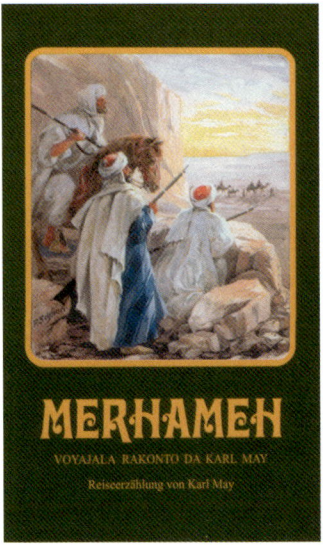

Türkisch. Durch die Wüste, Yurt Kitap-Yayin,
Ankara, 2001

Ido. Merhameh, Karl-May-Verlag,
Bamberg-Radebeul/Karl-May-Haus,
Hohenstein-Ernstthal, 2007

worden, denn von der „Mahdi"- und „Satan"-Trilogie fehlt jeweils
ein Band.

Türkisch. Im Verlag Yurt Kitap-Yayin (Ankara) erschien in den
Jahren 2001/02 der komplette Orientzyklus in türkischer Sprache.
Eingeschlossen in die Edition war die Übertragung der Reiseerzählung „Durchs wilde Kurdistan", deren deutsche Ausgaben im
Jahr 1984 von der Türkei mit einem Einfuhrverbot belegt worden
waren. 2004 ergänzte der Verlag die Reihe mit „In Mekka", der von
Franz Kandolf geschriebenen Fortsetzung von „Am Jenseits". Allerdings findet man in dem Buch keinen Hinweis auf Kandolf, es wird
nur unter Mays Namen verkauft.

Ido. In zwei Ausgaben der von der Deutschen Ido-Gesellschaft
herausgegebenen Vereinszeitschrift „Ido-Saluto!" wurde 2004
„Christi Blut und Gerechtigkeit" nochmals veröffentlicht. Für den
Neudruck ist die Textfassung der bereits 1911 in der Reihe „Pio-
nir-Biblioteko" in starker Bearbeitung verbreiteten Erzählung dem
heutigen Stand der Kunstsprache angepasst worden. Eine Übertragung der Reiseerzählung „Merhameh" ins Ido und die Textfassung der deutschen Erstausgabe (1910) edierten 2007 in einer

Gemeinschaftsausgabe der Karl-May-Verlag Bamberg-Radebeul und das Karl-May-Haus.

Javanisch. In zwei Ausgaben der Halbmonats-Zeitschrift „Damar Jati" des Verlages PT Gria Media Prima (Jakarta) ist im Februar/März 2006 Karl Mays früheste Indianererzählung „Inn-nu-woh" veröffentlicht worden. Als Vorlage für die Übertragung in die javanische Sprache diente die Textfassung in Bahasa-Indonesia im Sammelband „Wüste und Prärie I" (Jakarta 2004). Karl Mays Werke sind in Indonesien nun in drei Sprachen verbreitet.

Kurdisch. Im Verlag Spirez Press & Publisher (Duhok), einer Kultureinrichtung zur Förderung der kurdischen Sprache und Kultur in der nordirakischen Provinz Dohuk (Autonome Region Kurdistan), erschien im August 2006 ein Sammelband „Fünf Erzählungen über Kurdistan vor 100 Jahren" mit Auszügen aus „Durch die Wüste" (u. a. die Handlung in Mossul und bei den Teufelsanbetern) sowie die Marienkalendergeschichten „Das Kurdenkeuz"

Javanisch.
Inn-nu-woh,
Zeitschrift
„Damar Jati",
Jakarta, 2006

Kurdisch. Fünf Erzählungen über Kurdistan (Sammelband), Spirez Press & Publisher, Duhok, 2006

(Mater dolorosa), „Schefakas Geheimnis" (Christi Blut und Gerechtigkeit), „Maria oder Fatima" (Christus oder Muhammed) und „Der Händler von Serdescht" (Der Kys-Kaptschiji), sämtlich in der Fassung des Karl-May-Verlages. Das komplette Buch ist auch im PDF-Format auf der Homepage des Verlages im Internet veröffentlicht.

Damit liegen – nach dem aktuellen Stand der Forschung – seit 1945 Karl-May-Bücher in 38 Sprachen vor. Die weltweite Verbreitung wird mit Sicherheit eine Fortsetzung finden.

Außerhalb des deutschen Sprachraumes erschienen May-Werke ohne Übersetzung als Lesestoff für deutsche Minderheiten (Rumänien 1968, 1970 und 1985) oder sind – wie „Winnetou" – als Übungstext für den Sprachunterricht erschlossen worden (USA, 1969; Dänemark, 1982–84; Italien, 2003). Aber auch eine gekürzte Ausgabe in deutscher Sprache von „Mein Leben und Streben" (2006) edierte ein Verlag in den USA.

In der Nachkriegszeit und Anfang der fünfziger Jahre gab es einen ersten Höhepunkt der May-Rezeption. Sicherlich trug auch der Erfolg bundesdeutscher May-Verfilmungen in europäischen Kinos mit dazu bei, dass Verlage May-Ausgaben des Jubiläumsjahres 1962 fortsetzten oder den Autor „entdeckten". Eine dritte Welle ist nach 1989 in den osteuropäischen Ländern zu beobachten, die auch noch in den Jahren nach der Jahrtausendwende unvermindert anhält. In den westeuropäischen Ländern – einschließlich der „Hochburg" Niederlanden – ist die May-Rezeption inzwischen fast zum Erliegen gekommen.

Wie schon zu Mays Lebzeiten sind auch im Zeitraum ab 1945 vorrangig die Reise- und Jugenderzählungen und nur selten Teile des Alterswerkes oder gar der Autobiografie verlegt worden. May-Biografien existieren im Ausland bislang nur von F. C. de Rooy (Niederlande, 1955) und N. Honsza/W. Kunicki (Polen, 1986), doch enthalten eine nicht geringe Zahl von May-Ausgaben (besonders jene Bände nach der Zwangspause in den osteuropäischen Ländern) Nachworte mit Informationen zu Leben und Werk des Schriftstellers. Beachtenswert ist das 2004 in Indonesien (Pustaka Primatama, Jakarta) erschienene Buch „Menjelajah Negeri Karl May" ([Reise] Durch die Lande Karl Mays) von Pandu Ganesa, in dem ein umfassender Überblick über des Autors Leben, Werk und Wirkungsgeschichte – auch über den Inselstaat hinaus – gegeben wird. Der Verlag Toužimský & Moravec (Praha) publizierte 2006 aus dem Nachlass von Jaroslav Moravec (1900–1974) das Manuskript „Der Prager Fall des Doktor May. Ein banales Kapitel der Verlagsgeschichte", in dem Mays Beziehungen zum Vilimek-Verlag auf der Grundlage überlieferter Dokumente dargestellt sind.

Das Karl-May-Haus sammelt nicht nur May-Übersetzungen, sondern leistet auch einen aktiven Beitrag zur Auslandsrezeption. Der weltweit vertriebene „Slovenski koledar 1993" (Ljubljana) veröffentlichte die Kurzfassung eines Vortrages über die sloweno-amerikanischen May-Ausgaben, den Hans-Dieter Steinmetz 1992 auf dem Wissenschaftlichen Symposium des Karl-May-Hauses hielt. Das Beiratsmitglied schrieb auch Vor- bzw. Nachworte für „Durch Wüste und Harem" (Moskau 1993) sowie die zweisprachigen Editionen in Esperanto „Liberigo – Eine Befreiung" (Bamberg-Radebeul 1999) und Ido „Merhameh" (Bamberg-Radebeul und Hohenstein-Ernstthal 2007).

Karl-May-Übersetzungen (Sprachen und Länder)

Übersicht der Erstausgaben sowie Ausgaben seit 1945

Erstausgabe	Sprache	Erste Ausgabe seit 1945	
1962 Südafrika	**Afrikaans**	1962	Südafrika
1950 Indonesien	**Bahasa–Indonesia**	1950	Indonesien
1918 Bulgarien	**Bulgarisch**	1945	Bulgarien
1999 China	**Chinesisch**	1999	China
1886 Dänemark	**Dänisch**	1962	Dänemark
1886 USA	**Englisch**	1955	BRD/USA
1936 Großbritannien		1971	Groß-britannien
		1977	USA
		2006	Australien
1999 Deutschland	**Esperanto**	1999	Deutschland
1932 Estland	**Estnisch**	1990	Estland
1898 USA	**Finnisch**	1947	Finnland
1912 Finnland			
1881 Frankreich	**Französisch**	1945	Frankreich
		1953	Schweiz
1994 Griechenland	**Griechisch**	1994	Griechenland
1911 Deutschland	**Ido (Kunstsprache)**	2004	Deutschland
1908 Island	**Isländisch**	1957	Island
1892 Italien	**Italienisch**	1953	Italien
1942 Palästina	**Ivrit (Neuhebräisch)**	1948	Israel
1977 Japan	**Japanisch**	1977	Japan

Erstausgabe	Sprache	Erste Ausgabe seit 1945
2006 Indonesien (Java)	Javanisch	2006 Indonesien (Java)
um 1930 Polen	Jiddisch	–
2006 Irak	Kurdisch	2006 Irak
1998 Deutschland	Lateinisch	1998 Deutschland
1913 Lettland	Lettisch	1994 Lettland
1929 Litauen	Litauisch	1986 Litauen
1978 Mazedonien	Mazedonisch	1978 Mazedonien
1886 Niederlande	Niederländisch	1947 Belgien
1900 Belgien		1949 Niederlande
1909 Norwegen	Norwegisch	–
1908[*)] Polen	Polnisch	1947 Polen
1932 Brasilien	Portugiesisch	1948 Brasilien
		1963 Portugal
1953 Schweiz	Rätoromanisch (Rätisch)	1953 Schweiz
1924 Rumänien	Rumänisch	1945 Rumänien
		1992 Moldawien
1891 Russland	Russisch	1991 Russland
		1992 Belorussland
		1992 Ukraine
		1993 Kasachstan
1892 Schweden	Schwedisch	1948 Schweden
1923 Finnland		
1911 Kroatien	Serbokroatisch	1945 Kroatien
1938 Serbien		1951 Bosnien
		1952 Serbien
1928 Tschecho-slowakei	Slowakisch	1945 Tschecho-slowakei
1898[*)] Slowenien	Slowenisch	1952 Slowenien
1905 USA		
1927 Spanien	Spanisch	1945 Spanien
1933 Chile		1947 Argentinien
1941 Argentinien		1953 Mexiko

Erstausgabe		Sprache	Erste Ausgabe seit 1945	
1966	Indonesien (Java)	**Sundanesisch**	1966	Indonesien (Java)
1888	Böhmen	**Tschechisch**	1958	Tschecho-slowakei
1903	USA			
2001	Türkei	**Türkisch**	2001	Türkei
1921	Polen	**Ukrainisch**	–	
1896	Ungarn	**Ungarisch**	1946	Ungarn
1922	Rumänien		1964	Tschecho-slowakei
			1967	Serbien
			1968	Rumänien
1988	Vietnam	**Vietnamesisch**	1988	Vietnam
1888	Deutschland	**Volapük** (Kunstsprache)	–	

*) Schon zuvor (etwa um 1895) erschien unter Pseudonym „Das Waldröschen".

Der Sohn des Webers

Herkunft – Eltern – Kindheit

Karl May wurde am 25. Februar 1842 in Ernstthal (seit 1898 mit dem Nachbarort Hohenstein zur Doppelstadt Hohenstein-Ernstthal vereinigt) in jenem Haus geboren, das seit 1985 ihm zu Ehren eine museale Erinnerungsstätte beherbergt. Schon einen Tag später wurde er zur Taufe gebracht. Seine Eltern waren der Heimweber Heinrich August May (1810–1888) und seine Ehefrau Christiane Wilhelmine geb. Weise (1817–1885). Karl May war das fünfte von insgesamt vierzehn Kindern, von denen aber neun bereits in zartem Kindesalter verstarben. Außer ihm blieb der Familie kein weiterer Sohn.

Der Marktplatz in Ernstthal im Jahr 1842, im Zentrum Karl Mays Tauf- und Konfirmationskirche St. Trinitatis

In seiner Autobiografie schreibt Karl May über seine Vorfahren: *„Es ging die Sage, daß es in der Familie, als sie noch wohlhabend war, Geistliche, Gelehrte und weitgereiste Herren gegeben habe ..."* Das mit den Geistlichen stimmt; in der 9. Ahnengeneration ist sogar ein Kurfürstlich-Sächsischer Hofprediger nachgewiesen. Interessanter ist allerdings noch die Tatsache, dass es frühe Vorfahren gegeben hat, die ebenfalls literarisch in Erscheinung getreten sind. Der bedeutendste unter ihnen war der Geistliche Gottfried Dexelius (1658–1707), der im christlichen Sinne moralischbelehrende Unterhaltungsschriften verfasste. Er war der Bruder von Mays Urgroßmutter vierten Grades väterlicherseits. Als sich die soziale Verortung der Familie stark zum Handwerk hin verschob, kamen möglicherweise weiterhin vorhandene literarische Neigungen nicht mehr zum Erblühen. Vielleicht ist auch das ein Grund dafür, dass im Familienbesitz kaum etwas an Literatur der Vorväter überliefert ist. Nur eine Bilderbibel und ein Kräuterbuch haben sich erhalten.

Im Geburtsjahr Karl Mays wurde die Gegend um Hohenstein und Ernstthal von einer außergewöhnlichen Trockenheit heimgesucht. Der Wassermangel war so groß, dass selbst bei Säuglingen eine normale Körperhygiene nicht mehr aufrecht erhalten werden konnte. Als Folge stellten sich allerlei Infektionskrankheiten ein. Ein solches Leiden hat möglicherweise mitbewirkt, dass der Knabe zu kränkeln begann. Doch die eigentliche Ursache lag anderswo.

Die Zeit von Mays Kindheitsjahren war für die Weber, die daheim am Webstuhl ihr tägliches Brot verdienten, besonders schwer. Die durch keine Schutzzölle behinderte Einfuhr billiger textiler Fabrikerzeugnisse aus England drückte die ohnehin niedrigen Löhne der einheimischen Handweber immer tiefer nach unten und machte viele von ihnen arbeitslos. Hinzu kamen Missernten, die eine außerordentliche Teuerung verursachten. Diese Notzeit hatte natürlich in erster Linie Folgen für die Ernährungsweise der Menschen und insbesondere der Kinder. Ernährungsstörungen waren keine Seltenheit. Für den Knaben Karl May wirkte sich dabei höchstwahrscheinlich ein Mangel an den Vitamin A und B verhängnisvoll aus, wie neuere Forschungen nahelegen. In seiner frühkindlichen Lebensperiode wies er danach Zeichen einer Rachitis auf und litt vor allem unter einer phasenweise auftreten-

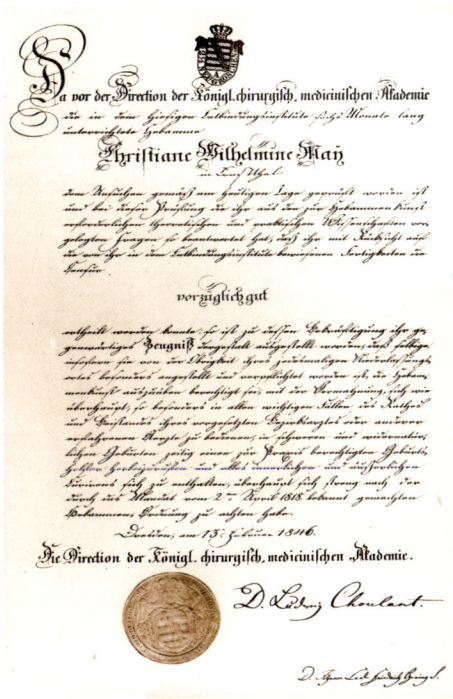

Das Hebammenzeugnis
der Mutter Karl Mays

den eingeschränkten Sehfähigkeit, die er später zu einer vierjährigen Dauerblindheit hochstilisierte.

Die Eltern Karl Mays begegneten der massiven Verschlechterung ihrer Lebensverhältnisse auf zweierlei Weise. Der eine Ausweg war mit einer risikobehafteten Investition verbunden und sollte sich doch als der erfolgreichere erweisen: Die Mays verkauften das Haus, in dem ihr später berühmter Sohn geboren wurde und das sie im Jahr 1838 geerbt hatten, im April 1845. Sie verwendeten den Erlös dazu, die Kosten für eine Ausbildung der damals 28-jährigen Mutter als Hebamme zu bestreiten. Da sie den Lehrgang an der Chirurgisch-medizinischen Akademie in Dresden mit „vorzüglich gut" bestand und damit einer Mitbewerberin aus der Heimat um eine Note voraus war, konnte sie die Hebammenwahl der Stadtoberen für sich entscheiden. Doch noch ein anderes positives Ergebnis hatte dieser Lehrgang zu Folge: Die Lernende kam in Kontakt zu Ärzten, die ihrem Sohn nach vierjährigem Dahinkränkeln eine gute körperliche Verfassung verschafften und vor allem das volle Sehvermögen wiederschenkten.

Der andere Ausweg war überfamiliär angelegt und Sache des Vaters. Heinrich May, offenbar sehr stark einem Wirken in der Öffentlichkeit zugetan, versuchte nämlich, der drohenden Verelendung auf politischem Weg entgegenzuwirken. An seiner Haltung wird deutlich, wie sich in den vierziger Jahren des 19. Jahrhunderts in Teilen der hiesigen Weberbevölkerung zunehmend eine Tendenz zur Radikalisierung durchsetzte. Das hing maßgeblich auch damit zusammen, dass die Gegend um Glauchau, Waldenburg, Hohenstein, Ernstthal und andere Orte damals unter der Herrschaft der Herren von Schönburg, das innerhalb Sachsens eine Art Staat im Staate bildete, unterworfen war und wo auf Grund dieser kleinstaatlichen Verhältnisse und vor allem infolge einer schlechten Wirtschaftsführung der Schönburger besonders schlimme Zustände herrschten. Am 5. April 1848 erstürmten Tausende schönburgischer Untertanen das fürstliche Schloss in Waldenburg und brannten es nieder. In den dreißiger Jahren gehörte der Vater Karl Mays im Rang eines Gefreiten der Ernstthaler Bürgergarde, einem nach den Unruhen von 1830 vielerorts entstandenen Sicherheitsinstrument des besitzenden Bürgertums, an. Zu Beginn der Revo-

Die ehemalige Ernstthaler Rektoratsschule, die Karl May in seinen letzten Volksschuljahren besucht hat

Herrn Fritz Rotber in H. Besten Dank für ben Gruß. Die
ledernen Hosen scheinen sehr fest in Ihrer Erinnerung hängen
geblieben zu sein. Schreiber dieses sieht noch nach langen
Jahren Ihren Herrn Papa mit der Kugel in der Hand. Alle
Neune!

Briefkastenantwort Karl Mays in der von ihm redigierten Zeitschrift „Schacht und
Hütte" (1875/76) an einen ihm bekannten Leser in Hohenstein, in der er auf seine Zeit
als Kegeljunge anspielt

lution von 1848/49 war er höchstwahrscheinlich auch Mitglied
des Ernstthaler Bürgervereins, der eine eher gemäßigt-oppositio-
nelle Politik vertrat, ab Februar 1849 arbeitete er jedoch aktiv im
radikal-demokratischen Ernstthaler Vaterlandsverein mit.

Im Revolutionsjahr 1848 begann Karl Mays achtjährige Volksschulzeit. Ein Vierklassensystem und sehr hohe Schülerzahlen lassen die Ernstthaler Schule auch für die damalige Zeit nicht als
besonders leistungsfähig erscheinen. Hinzu kamen außerschuli-
sche Faktoren wie etwa die seinerzeit weit verbreitete Kinderarbeit, die ebenfalls nicht dazu angetan waren, auf das hiesige
Schulniveau verbessernd einzuwirken. Am Ende der Schulzeit
erfolgte Karl Mays Konfirmation in der heimatlichen Taufkirche
St. Trinitatis.

Im höheren Schulalter verdingte sich Karl May in einer Hohensteiner Schankwirtschaft als Kegeljunge. Dieser Umstand war
bedeutsam, weil dieser Schenke eine Leihbücherei angeschlossen
war, in der er vor allem auch Zugang zur trivialen Literatur seiner
Zeit erhielt. Dies blieb gewiss nicht ohne Einfluss auf seine Fantasie und auf seine Schriftstellerei.

Der soziale Aufstieg
Lehrerausbildung und Lehrtätigkeit

Zu Ostern 1856 war für Karl May die Volksschulzeit zu Ende. Für
die Eltern galt es als ausgemacht, dass der Knabe, den offenbar
auch selbst keine große innere Bereitschaft dazu drängte, den
schweren Beruf des Vaters nicht ergreifen sollte. Der Vater vor
allem ersehnte für den einzigen Sohn, der ihm geblieben war, ein
besseres Fortkommen, womöglich eine Tätigkeit, durch die er viel

Das Fürstlich-Schönburgische Lehrerseminar
in Waldenburg

für das allgemeine Wohl würde wirken können. Unter den gege-
benen Umständen kam allenfalls eine Ausbildung zum Volksschul-
lehrer in Betracht.

Seit 1844 existierte im schönburgischen Sonderstaat eine
eigene Lehrerausbildungsstätte, das Fürstlich-Schönburgische
Lehrerseminar in Waldenburg. Hier bewarb sich Karl May und
wurde auch aufgenommen. Trotz eines Stipendiums, das ihm sein
unmittelbarer Landesherr Graf Heinrich von Schönburg-Hinter-
glauchau gnädigst gewährte, brachte diese berufliche Entscheidung für die Eltern eine große finanzielle Belastung mit sich.
Inzwischen war die Familie einschließlich der Großmutter väterlicherseits immerhin auf acht Personen angewachsen. Im Bewusstsein dieser Last begann der Jüngling Ende September 1856 seine
Ausbildung, zunächst ein Jahr am Proseminar, einer Vorbereitungs-
anstalt, und ab September 1857 am Seminar selbst.

Der Seminareintritt Karl Mays fiel in eine Zeit, in der für die
Lehrerbildung die Grundsätze einer stark konservativen Gesinnung
richtungsweisend wurden. Die bürgerlich-demokratische Revolu-
tion von 1848/49 war gescheitert; auch viele Lehrer hatten daran
teilgenommen. Dieser Sachverhalt gab Anlass, gerade und besonders auf den Seminaren liberales und demokratisches Gedanken-
gut mit allen Mitteln zu unterdrücken. Eine im Jahr 1857 erlas-
sene „Ordnung der evangelischen Schullehrerseminare" lieferte
dafür die Grundlage. Das Schwergewicht wurde jetzt auf die
Unterweisung in Religion und, im Zusammenhang damit, auf die
musikalische Ausbildung gelegt. Andere Hauptfächer waren Deutsche Sprache, Rechnen und Pädagogik, während Geometrie, Geo-
grafie, Geschichte, Zeichnen, Naturkunde und Naturgeschichte
sowie Schönschreiben auf den zweiten Rang verwiesen wurden.
Der gesonderte Unterricht in Latein, Logik und Psychologie fiel
ganz weg.

Mit dem Geist der politischen Reaktion zogen Frömmelei, Duckmäusertum und Opportunismus in die Seminare ein. Eine herzliche Beziehung zu seiner Lehranstalt hat Karl May unter diesen Bedingungen nicht entwickeln können. Vielmehr litt er unter der bedrückenden Atmosphäre und wehrte sich mit mancherlei Verstößen gegen die gestrenge Seminarordnung. Schließlich ging er soweit, sich an der ungeliebten Anstalt materiell schadlos zu halten. Als er im November 1859 als „Lichtwochner" für die Beleuchtung der Räume mit Kerzen Sorge zu tragen hatte, versteckte er sechs davon in seinem Koffer, wo sie später von schnüffelnden Mitschülern entdeckt wurden. Auf Grund der Erklärungen, die er zu diesem Vorfall abgab, war ihm eine absichtliche Veruntreuung von Seminareigentum nicht schlüssig nachzuweisen. Wenn das Kultusministerium, dem die Angelegenheit zur Entscheidung vorgetragen wurde, dennoch die Verweisung vom Seminar verfügte, so war Karl Mays bisheriges Gesamtverhalten dafür ausschlaggebend, das offenbar in mehrfacher Hinsicht so gar nicht dem Bild eines zukünftigen Lehrers entsprach, das sich die oberste Schulbehörde in ihrem Konservatismus zurechtgezimmert hatte. Im Januar 1860 wurde er von der Waldenburger Anstalt relegiert.

Durch die tatkräftige Unterstützung des Ernstthaler Pfarrers Carl Hermann Schmidt (1826–1901) gelang es Karl May reichlich vier Monate später, mit ministerieller Genehmigung auf dem Seminar in Plauen im Vogtland seine Ausbildung fortzusetzen und im September 1861 mit gutem Erfolg abzuschließen.

Die ausgebildeten Seminaristen waren zunächst nur Schulamtskandidaten. Erst nach Ablauf einer mindestens zweijährigen Kandidatenzeit und nach Bestehen einer weiteren Prüfung, der

Der Ernstthaler Pfarrer Carl Hermann Schmidt, der wesentlich dazu beitrug, dass Karl May seine Seminarausbildung fortsetzen und beenden konnte

Das Lehrerseminar in Plauen im Vogtland vor seiner ab 1861 begonnenen baulichen Erweiterung

sogenannten Wahlfähigkeitsprüfung, wurde ihnen das Recht zuerkannt, eine ständige Lehrerstelle zu besetzen. Aber bis dahin ist Karl May nicht gekommen.

Seine erste Anstellung erhielt er Anfang Oktober 1861 als Hilfslehrer an der Armenschule in Glauchau. Der Seminarzucht enthoben, glaubte er, menschlichen Regungen nun gefahrloser nachgehen zu können. Er hatte ein Quartier als Untermieter bezogen und sein Logiswirt bezichtigte ihn, sich ungehörige Annäherungen an die Ehefrau erlaubt zu haben. Obwohl Aussage gegen Aussage stand und nichts bewiesen werden konnte, wurde er auf

Die Glauchauer Mädchenschule, in der Karl May für kurze Zeit eine Klasse der Armenschule unterrichtet hat – es war sein erstes Lehramt.

Grund dieser Beschuldigung dennoch entlassen. Sein erstes Schulamt hatte er gerade vierzehn Tage lang innegehabt.

Nach diesem Vorfall bemühte sich Karl May vermutlich selbst um eine neue Anstellung. Ein Inserat in der Presse erleichterte ihm sein Vorhaben. Gesucht wurde ein Fabrikschullehrer für Altchemnitz. Er meldete sich und erhielt die Stelle. Fabrikschulen waren Einrichtungen, in denen Kinder, die in Fabriken, in der Regel in Spinnereien und Kattundruckereien, arbeiten mussten, einen notdürftigen Unterricht erhielten. Das Schulzimmer war gewöhnlich ein Raum innerhalb der Fabrik. Wenn Karl May bei einer Inspektion bescheinigt wurde, „kein übles Lehrgeschick" zu besitzen, so bedeutete das hier ein hohes Lob. Im selben Inspektionsprotokoll heißt es nämlich zum Beispiel weiter: „Die Kinder aber sind ohne alle Haltung, die Hände aufgehoben, die Körper schlaff, kurz sie gewähren einen jammervollen Anblick."

Aber auch jetzt geriet Karl May wieder in Misshelligkeiten. Der Mitmieter, mit dem er sich das Quartier teilen musste, erstattete am Weihnachtstag 1861 Anzeige gegen ihn wegen Diebstahls einer Uhr und zweier Raucherutensilien. May gab an, die vermissten Gegenstände nur über die Weihnachtsferien mit nach Hause genommen zu haben. Er wurde verhaftet und trotz Bitt- und Gnadengesuchen zu einer sechswöchigen Gefängnishaft verurteilt. Von Anfang September bis Mitte Oktober 1862 hat er die Strafe in Chemnitz abgebüßt.

Kinderarbeit in einer Spinnerei

Die gescheiterte Zukunft
Existenznot, Schuld und Sühne

Mit der Verurteilung zu einer sechswöchigen Gefängnisstrafe hatte für Karl May die kaum begonnene hoffnungsvolle Zukunft schlagartig ihr Ende gefunden. Als er Mitte Oktober 1862 aus der Haft entlassen wurde, stand er buchstäblich vor dem Nichts. Als Lehrer konnte er fortan nicht mehr tätig sein; seine Zeugnisse wurden behördlicherseits eingezogen.

Arbeitslos und ohne Chance, in seinem Beruf jemals wieder Fuß fassen zu können, stand ihm als legale Erwerbsmöglichkeit nur der Weg offen, seine auf dem Seminar erworbenen Kenntnisse und Fertigkeiten in anderer Weise anzuwenden. Genau das versuchte er zunächst. Gewiss hätte er sich auch nach einer Stellung in der privaten Wirtschaft umsehen können. Ob er sich je darum bemüht hat, ist nicht bekannt. Sicher ist stattdessen, dass er sich als Deklamator betätigte, auch Mitglied, wahrscheinlich sogar der Leiter eines Gesangvereins mit dem Namen „Lyra" war und Privatunterricht erteilt hat. Vielleicht liegen in dieser Zeit auch die Anfänge seiner Schriftstellerei. Auf die Dauer vermochte er durch solche Tätigkeiten seine Existenz freilich nicht abzusichern.

Knappe zwei Jahre führte Karl May dieses zwar ungezwungene, aber wenig einträgliche Leben. Dann änderte er sein Verhalten. Neben der materiellen Not spielten auch psychische Ursachen eine wichtige Rolle. Die erlittene Strafe, die in keinem Verhältnis zur Tat stand, und ihre schlimmen Folgen, die damit verbundene Demütigung und tiefe Verletzung seines Ichs brachten ihn in dieser aussichtslosen Lage auf den Gedanken, sich wiederum, wie damals im Seminar, für das erfahrene Leid am Urheber schadlos zu hal-

Nachruf.
Allen unsern Freunden, Verwandten und Bekannten, so auch dem Gesangverein Lyra für das uns gebrachte Ehrenzeichen rufen wir aus der Ferne noch ein herzliches Lebewohl zu.
Hohenstein, den 8. Septbr. 1864.
G. A. Jakisch nebst Frau.

Abschiedsgruß, dargebracht vermutlich von einer Hohensteiner Auswandererfamilie, auch an den von Karl May geleiteten Gesangsverein „Lyra" im „Wochenblatt für Hohenstein-Ernstthal, Oberlungwitz etc."

Das Zellengebäude des Zwickauer Arbeitshauses, in dem Karl May das letzte Jahr seiner Haft verbrachte und wo er sich ernsthaft auf seine Zukunft als Schriftsteller vorbereitete

ten. Jetzt war es die bürgerliche Gesellschaft, deren Repräsentanten ihn erbarmungslos gerichtet hatten, die Eigentümer von Geld und Gut, von denen er auf seine Weise Entschädigung verlangte. Seine ungewöhnliche Fantasie und sein recht unbekümmertes Wesen machten es ihm leicht, diesen Weg zu beschreiten.

Bezeichnenderweise waren die kriminellen Handlungen, die er nun beging, fast ausnahmslos verspielte, fantasievolle Hochstapeleien. In Penig, in Chemnitz und in Leipzig, wo er beim Verhökern seiner Beute gefasst wurde, erschwindelte er sich Pelze und andere Kleidungsstücke. Die Strafe dafür war hart. Das Urteil lautete auf vier Jahre und einen Monat Arbeitshaus. Am 14. Juni 1865 wurde er dort einbestellt.

Bei alledem hatte Karl May aber noch Glück. Er kam in das Arbeitshaus Zwickau, wo man damals um einen humanen Strafvollzug bemüht war. Dank seines Verhaltens und seiner Fähigkeiten wurde er nach etwa zweieinhalb Jahren als Schreiber und Mitarbeiter des Zellenhausinspektors eingesetzt. In dieser Vorzugsstellung hat er sich so gut bewährt, dass man ihn begnadigte und obendrein noch mit dem für solche Fälle vorgesehenen, begehrten Vertrauenszeugnis versah. Am 2. November 1868, mehr als acht Monate vor Ablauf seiner regulären Haftzeit, wurde er entlassen.

Seine positive persönliche Entwicklung während der Haft war gewiss auch darauf zurückzuführen, dass in dieser Zeit höchstwahrscheinlich eine ziemlich stabile Verbindung zum Dresdener Verleger H. G. Münchmeyer zustande kam, die ihn veranlasste, nun zielstrebig und mit Ernst literarische Pläne zu verfolgen. Ausdruck dieses Strebens ist vor allem sein „Repertorium C. May", ein

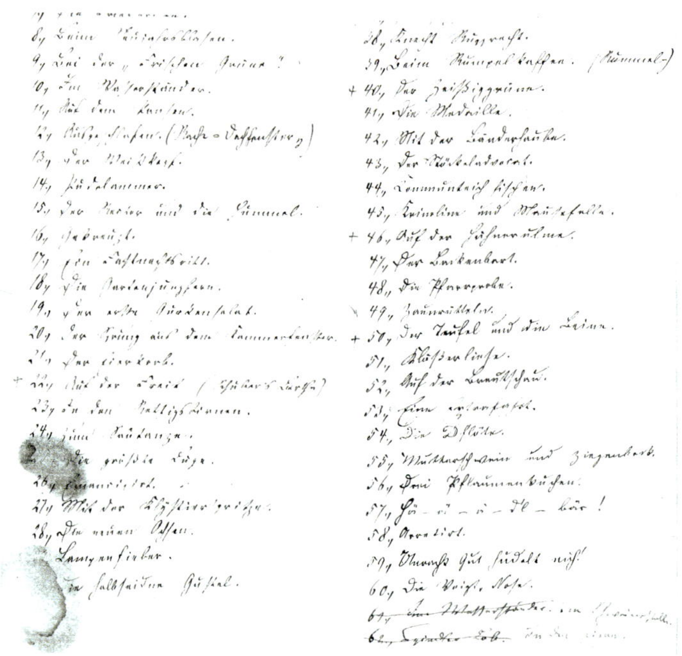

Teil einer Textseite aus dem in der Zwickauer Haft entstandenen „Repertorium C. May", einem Verzeichnis von Titeln für geplante literarische Arbeiten

umfangreiches Themen- und Titelverzeichnis, zum Teil mit kommentierenden Hinweisen und Literaturangaben versehen, das er sich jetzt anlegte und das noch heute im Nachlass vorhanden ist.

Doch die Wirklichkeit war nicht so, wie sie sich der von der Welt isolierte Zellengefangene Karl May vorgestellt und ausgemalt hatte. Die Firma Münchmeyer war damals erst ein kleines Unternehmen, das seinen bedürftigen Autor noch nicht ausreichend beschäftigen und honorieren konnte. Erneut von Existenzangst bedroht, begann er rascher noch als unter ähnlichen Umständen

Den „Ch. Nch." wird aus Hohenstein-Ernstthal unterm 7. d. M. geschrieben: Gestern Nacht rückten hier gegen 25 Gensdarmen, die Polizeimannschaften der Umgegend und die Steiger-Section der Ernstthaler Turnfeuerwehr aus, um in den Hohensteiner Wäldern den berüchtigten, wegen einer Menge von Diebstählen und Betrügereien inhaftirt gewesenen May auf die Spur zu kommen. Derselbe ist zwischen Rußdorf und Bräunsdorf seinem Transporteur, einem Diener aus dem Königlichen Bezirksgerichte Mittweida, entsprungen, und mehrmals in genannten Wäldern hier und da gesehen worden, muß sich aber wohl in eine andere Gegend gezogen haben, da bei der genauesten Durchsuchung der Hölzer keine Spur von ihm zu finden war. Hoffentlich gelingt es bald, diesen schlauen und raffinirten Freibeuter zu ergreifen.

Eine Meldung im „Wochenblatt für Limbach und Umgegend", über die am 6. August 1869 stattgefundene groß angelegte Suche nach dem flüchtigen Karl May

früher, auf das untaugliche Mittel des unrechtmäßigen Erwerbs zurückzugreifen.

Schon fünf Monate nach seiner Entlassung aus dem Arbeitshaus, Ende März 1869, beschritt er wiederum den verhängnisvollen Weg des Kriminellen. Kühn und beherzt begann er jetzt, eine ganze Serie von Betrugsmanövern, Hochstapeleien und Diebstählen in Szene zu setzen. Die Tatorte hießen Wiederau, Ponitz, Limbach, Bräunsdorf und Mülsen St. Jacob. Zwischendurch versteckte er sich in einem heute als „Karl-May-Höhle" bekannten alten Eisenerzstollen im nahen Oberwald bei Hohenstein-Ernstthal.

Anfang Juli 1869 wurde er schließlich aufgegriffen, und zwar ausgerechnet in jenem Kegelschub, den er aus seiner Zeit als Kegeljunge recht gut kannte. Doch es war keine länger währende Festnahme. Ende des Monats, bei einem Transport zur Gegenüberstellung mit den Geschädigten, konnte er auf dramatische Weise entfliehen. Noch Anfang August wollte man ihn verschiedentlich in den Wäldern um seine Heimatstadt Hohenstein-Ernstthal gesehen haben, was immerhin dazu führte, dass die Gendarmerie, die Polizei und sogar die Ernstthaler Turnfeuerwehr ausrückten, um ihn zu stellen. Aber der Erfolg blieb aus, Karl May war inzwischen drauf und dran, das sächsische Staatsgebiet zu verlassen. Im November zeigte sich, dass er nach Norden, in die preußische Provinz Sachsen, ausgewichen war.

Von dort aus wanderte er in westliche und südliche Richtung und gelangte schließlich nach Böhmen. Anfang Januar 1870 wurde er in der Nähe von Děčín (Tetschen) als ausweisloser Fremder festgenommen. Nachdem man seine wahre Identität ermittelt

Das Zuchthaus in Waldheim

hatte, die er bis zuletzt zu verheimlichen suchte, wurde er den Behörden im nachbarlichen Sachsen überstellt. Das Bezirksgericht Mittweida verurteilte ihn zu vier Jahren Zuchthaus, die er vom 3. Mai 1870 bis zum 2. Mai 1874 in Waldheim voll und ganz abzusitzen hatte.

Begründung einer neuen Existenz
Redakteur und freier Schriftsteller

Arbeitslos, mittellos, ehrlos: So bot sich die Existenz Karl Mays dar, nachdem er aus dem Zuchthaus entlassen und zurück zu den Eltern nach Ernstthal gekommen war. Es bedurfte schon einer ganz außergewöhnlichen Kraftanstrengung, um aus dieser schlimmen Lage herauszufinden. Karl May setzte auf Leistung. Er knüpfte dort an, wo er nach seiner Entlassung aus dem Arbeitshaus Zwickau mangels ausreichender Möglichkeiten gescheitert war. Er begann wieder zu schreiben. Dass er jetzt mehr Erfolg damit hatte, war freilich nicht nur auf sein Talent und auf seine Energie zurückzuführen.

In Deutschland hatten sich inzwischen neue Bedingungen auch auf dem Gebiet der Produktion und des Vertriebs von Literatur herausgebildet. In den sechziger Jahren des 19. Jahrhunderts war überall die Gewerbefreiheit eingeführt worden und die staatliche Einigung von 1871 hatte unter anderem sowohl die Voraussetzung für die Entstehung eines nationalen Marktes als auch für die Herstellung einheitlicher Rechtsgrundlagen geschaffen, auch auf dem Sektor des Urheber- und Presserechts. Auf Grund einer allgemeinen Bevölkerungszunahme und durch Verbesserungen im Schulwesen, die durch den fortschreitenden Industrialisierungsprozess und durch höhere Verwaltungsanforderungen notwendig geworden waren, stellte sich eine Vergrößerung des Lesepublikums ein. Darüber hinaus wurden Neuentwicklungen und Verbesserungen im technischen und technologischen Bereich der Buch-, Zeitungs- und Zeitschriftenherstellung wirksam. Verlage, darunter insbesondere solche, die Unterhaltungs- und Trivialliteratur produzierten, schossen wie Pilze aus dem Boden. Die Zahl der Zeitungen und Zeitschriften stieg rapide an. Autoren waren jetzt gefragte Leute. So kam auch die große Stunde Karl Mays.

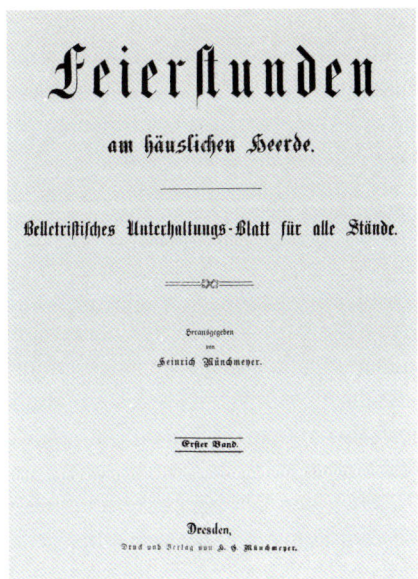

Feierstunden

am häuslichen Heerde.

Belletristisches Unterhaltungs-Blatt für alle Stände.

Herausgegeben
von
Heinrich Münchmeyer.

Erster Band.

Dresden,
Druck und Verlag von H. G. Münchmeyer.

Titelblatt einer der drei Unterhaltungszeitschriften, die Karl May im Verlag Münchmeyer, Dresden, redigiert hat

Nach einer kurzen Phase als freier Schriftsteller, in der seine bisher früheste bekannte Erzählung „Die Rose von Ernstthal" erschien, kam er bald wieder mit dem Dresdener Verleger Münchmeyer in Kontakt, dessen Unternehmen sich infolge der günstigen gesamtgesellschaftlichen Bedingungen nun immerhin schon so weit entwickelt hatte, dass Karl May bei ihm ein sicheres Unterkommen als fest angestellter Redakteur finden konnte. Knapp zwei Jahre arbeitete er auf dieser Stelle und redigierte drei Unterhaltungszeitschriften, dann wechselte er nach einem erneuten kurzen Zwischenspiel als freischaffender Autor zu dem ebenfalls in Dresden ansässigen Verlag Radelli über. Aber auch hier war seines Bleibens als Redakteur nicht lange. Ein Jahr später, etwa Ende 1878, betrat er den für ihn zunächst nicht leichten Weg als freier Schriftsteller erneut – nun jedoch für immer.

Mit dem endgültigen Übertritt in die Kategorie des freischaffenden Literaten setzte sich Karl May zwangsläufig allen erdenklichen Risiken aus, die der Markt für einen zunächst noch nicht bekannten Erzähler bereit hält. Aber er hatte zu diesem Zeitpunkt doch schon jene Literaturgattung für sich entdeckt, mit der er sich schließlich durchsetzen sollte. Sie lässt sich ziemlich zutreffend als

eine Art Gefühlsliteratur beschreiben, wobei Karl May vor allem
eindeutig positive Empfindungen vermittelte, Gefühle der Aufrich-
tung und der Erhebung, aktivierende Emotionen also, die er
geschickt mit moralischen Gefühlen wie Freundschaft, Nächsten-
liebe, Zuneigung usw. verknüpfte.

So war es denn auch gewiss kein Zufall, wenn schon sehr früh,
etwa Mitte 1879, ausgerechnet ein katholischer Verleger, Friedrich
Pustet in Regensburg, Karl May mit festen Zusicherungen an seine
im Aufbau befindliche Familienzeitschrift „Deutscher Hausschatz"
band. Die Katholiken hatten damals schwer unter Bismarcks Kulturkampfpolitik zu leiden und waren daher für eine erhebend-
erbauliche, mutmachende Lektüre besonders empfänglich. In dieser Zeitschrift veröffentlichte Karl May die Mehrzahl seiner großen
Reiseromane.

Im selben Jahr konnte er seine ersten beiden Buchpublikatio-
nen präsentieren: „Der Waldläufer", eine Bearbeitung des bekann-

Titelblatt der
katholischen
Familienzeit-
schrift „Deut-
scher Haus-
schatz in Wort
und Bild" aus
Regensburg

Die beiden frühesten Buchausgaben Karl Mays: „Im fernen Westen" und „Waldläufer"

ten Romans von Gabriel Ferry, und „Im fernen Westen", eine eigene größere Erzählung, die er Jahre zuvor in der von ihm redigierten Unterhaltungszeitschrift „Deutsches Familienblatt" unter dem Titel „Old Firehand" veröffentlicht hatte.

Kurz vor dem Ende seiner Redakteurstätigkeit in Dresden war Karl May wieder in seine Heimat zurückgekehrt. Damals lebten die Eltern und drei seiner Geschwister noch. Inwieweit der Vater fernerhin seiner Arbeit als Weber nachging, ist nicht bekannt. Gesichert ist dagegen, dass er in jener Zeit gemeinsam mit anderen das Ehrenamt eines Armenpflegers versah. Die Mutter war zunächst weiter als Hebamme tätig. Schwester Karoline, verheiratete Selbmann, durchlief 1883 ebenfalls eine Hebammenausbildung, worauf sie kurz danach die Mutter in diesem Beruf ablöste. Schwester Wilhelmine, verehelichte Schöne, blieb im Haushalt; ihr Mann sorgte als Viehhändler und Fleischer für den familiären Unterhalt. Beide Schwestern haben übrigens ein gesegnetes Alter erreicht. Karoline verstarb im 97. und Wilhelmine im 88. Lebensjahr. Nicht so die dritte Schwester, Auguste, die einen Weber

Das Ehepaar
Karl und Emma
May
(nach 1890)

namens Hoppe geheiratet hatte. Sie starb bereits 1880, wenige Monate nach ihrem 42. Geburtstag.

Karl May verfolgte auch zu Hause seinen beruflichen Lebensplan, literarisch zu arbeiten, unbeirrt weiter. Hilfreich war ihm dabei insbesondere der Hohensteiner Buchhändler Zimmermann, der ihm für seine Studien die erforderlichen Quellenwerke beschaffte. Daneben fühlte er sich auch dem kommunalen Gemeinwohl verpflichtet: Er trat der Freiwilligen Feuerwehr bei.

Im privaten Bereich steuerte er in jenen Jahren auf seine Heirat zu. In Hohenstein hatte er schon um die Jahresmitte 1876 im Hause seiner Schwester Wilhelmine die um 14 Jahre jüngere Emma Pollmer kennengelernt. Als elternloses Kind, der mutmaßliche Vater hatte sich abgesetzt und die Mutter war bei ihrer Geburt gestorben, war sie von ihrem Großvater, einem Barbier, der in einem Haus am Hohensteiner Markt wohnte, aufgezogen worden und lebte auch dort. Am 17. August 1880 wurde im alten Ernstthaler Rathaus die standesamtliche und am 12. September in der Kirche zu Hohenstein die kirchliche Trauung des Paares vollzogen. Doch bevor es dazu kam, hatte Karl May, nicht ohne eigenes Verschulden, noch eine fatale Situation zu überstehen:

Zur Familie seiner Braut gehörte auch ein Sohn, Emmas Onkel, ein Alkoholiker, der in einer Januarnacht des Jahres 1878 in der Nähe von Stollberg unter nicht ganz eindeutigen Umständen, wie es schien, zu Tode gekommen war. Da die Angehörigen daheim verständlicherweise mehr und Genaueres darüber zu erfahren wünschten, nahm sich Bräutigam Karl May der Sache an. Um etwas herauszufinden, gab er sich bei diesen Nachforschungen, sicher nicht ohne Vergnügen, als ein höherer Staatsbeamter aus. Sein fantasievoll ausgeschmücktes Rollenspiel kam jedoch bald den Behörden zu Ohren und die Folge war, dass von Seiten des zuständigen Gerichtsamtes Stollberg ein Verfahren gegen ihn wegen unbefugter Ausübung eines öffentlichen Amtes in Gang gesetzt wurde, das mit einer Verurteilung zu einer dreiwöchigen Gefängnishaft endete, die er im September 1879 im Gerichtsgefängnis Hohenstein-Ernstthal abzusühnen hatte.

Umschlag eines Lieferungsheftes von Karl Mays erstem Kolportageroman „Das Waldröschen"

Karl Mays wichtigster
Verleger: Friedrich Ernst
Fehsenfeld

Buchausgaben, die ab
1890 in der „Union
Deutsche Verlagsgesell-
schaft" erschienen sind:
„Der Oelprinz" und „Der
blau-rote Methusalem"

Im Jahre 1882 kam nochmals eine festere Verbindung zu seinem einstigen Verleger Münchmeyer zustande, die sogar dazu führte, dass Karl und Emma May im April 1883 Hohenstein und Ernstthal verließen und nach Dresden übersiedelten. Bis 1888 lieferte May dem Verlag fünf umfangreiche Kolportageromane. Der Titel des ersten Werkes lautete „Das Waldröschen".

Einen begonnenen sechsten Lieferungsroman brach Karl May ab, als ihn das Angebot des renommierten Stuttgarter Verlegers Wilhelm Spemann erreichte, für dessen anlaufende Knabenzeitschrift „Der Gute Kamerad" geeignete Geschichten für die Jugend zu schreiben. Ab 1890 erschienen diese im Nachfolge-Unternehmen „Union Deutsche Verlagsgesellschaft" in Buchform: „Der Sohn des Bärenjägers", „Der blau-rote Methusalem", „Die Sklavenkarawane", „Der Schatz im Silbersee", „Das Vermächtnis des Inka", „Der Ölprinz" und „Der schwarze Mustang".

Der erfolgreiche Autor
„Carl May's gesammelte Reiseromane"

Obwohl die ab 1890 in Buchform erscheinenden Jugenderzählungen den Bekanntheitsgrad und damit den Marktwert Karl Mays deutlich steigerten, erfolgte sein entscheidender literarischer Durchbruch erst ab 1892, als der noch ziemlich junge Verleger Friedrich Ernst Fehsenfeld (1853–1933) aus dem fernen Freiburg im Breisgau daranging, die Romane und Erzählungen Mays aus den Zeitschriften, vor allem aus dem „Deutschen Hausschatz", herauszulösen und sie in Form einer Buchreihe zusammenzufassen. Unter dem anfänglichen Serientitel „Carl May's gesammelte Reiseromane" wuchs das Werk bis 1910 auf insgesamt 33 Bände an. Die Zeitschriftentexte wurden dabei allerdings nicht unbesehen übernommen, sondern von May verändert, gekürzt und auch ergänzt. Der erste Band „Winnetou" zum Beispiel ist extra für die Reihe neu verfasst worden.

Fehsenfeld bot seine neue Edition zunächst gleichzeitig in mehreren Ausstattungen an. Die größte Verbreitung erzielte jedoch die grüne Leinenausgabe mit farbigem Deckelbild, die unter dem Namen „Grüne Bände" Buchgeschichte machen sollte. Mit

Karl May,
um 1892

dem Erscheinen der gesammelten Reiseromane nahm die Beliebt-
heit auch des Menschen Karl May ungemein zu. Dazu hat nicht
wenig der Umstand beigetragen, dass viele Leser, verführt von der
suggestiven Kraft, die von diesen Texten ausgeht, der Meinung
waren, darin die Schilderungen tatsächlicher Erlebnisse zu er-
blicken.

Und Karl May stützte diese Fiktion. Willig schlüpfte er in die
Heldenrollen eines Old Shatterhand und Kara Ben Nemsi – und das
sogar im ganz wörtlichen Sinne: Er ließ sich die entsprechenden
Kostüme fertigen, veranlasste zwei ihm freundschaftlich zugetane
Laienfotografen, ihn in den Verkleidungen abzulichten, ließ die
Aufnahmen auch kommerziell verbreiten, schrieb Autogramme als
„Old Shatterhand" und „Kara Ben Nemsi", gab unbedenklich Aus-
künfte über die Schicksale seiner imaginären Reisegefährten,
beauftragte einen Dresdener Büchsenmacher, die Gewehre seiner
Romanhelden Silberbüchse und Bärentöter herzustellen und wies
in logischer Konsequenz all dieses aberwitzigen Treibens im
Jahre 1896 seinen Verleger an, statt „gesammelte Reiseromane"
künftig den Serientitel „gesammelte Reiseerzählungen" zu ver-

Editions- und Ausstattungsvarianten der Serie „Carl May's gesammelte Reiseromane" des Verlages Friedrich Ernst Fehsenfeld

wenden. Darüber hinaus pflegte er das Bild eines gelehrten Welt-
reisenden, indem er ungeniert mit „Dr. Karl May" signierte.

Dieses fürwahr ungewöhnliche Verhalten eines immerhin
schon über Fünfzigjährigen wurde nicht in erster Linie um mate-
rieller Vorteile willen inszeniert; darin erblickte er höchstens eine
recht willkommene Begleiterscheinung. Die entscheidenden Ursachen lagen gewiss tiefer und sind in einem komplizierten Geflecht
verschiedener psychischer Faktoren zu sehen.

Dazu gehört zunächst die Faszination, die von der liebevollen
Zuwendung seiner großen und wachsenden Lesergemeinde auf
ihn einwirkte. Damit eröffnete sich scheinbar eine weitere gute
Möglichkeit, die eigene schlimme Vergangenheit für immer ver-
gessen zu machen. Das wiederum war gleichbedeutend mit dem
endgültigen Eintritt in die bürgerliche Gesellschaft, in der er sich
auf Grund seiner ehrenvollen Sonderstellung als vermeintlicher
Weltläufer umso sicherer fühlen zu können glaubte. Und dann
war da noch seine überschäumende Fantasie, die ihn zwischen
Traum und Wirklichkeit zuweilen nicht mehr scharf unterschei-
den ließ.

Karl Mays letzte Wohn-
und Arbeitsstätte, die
Villa „Shatterhand" in
Radebeul bei Dresden

Kostümfotos Karl Mays als Kara Ben Nemsi
und Old Shatterhand

Die Edition der gesammelten Reiseromane wirkte sich natürlich auch in finanzieller Hinsicht positiv aus. Schon knapp vier Jahre nach dem Beginn dieser Reihe konnte Karl May ein eigenes, stattliches Wohnhaus erwerben: die Villa „Shatterhand" in Radebeul bei Dresden. Bis dahin hatten er und seine Frau ihren Wohnsitz, wohl nicht zuletzt auch aus wirtschaftlichen Erwägungen, relativ häufig gewechselt. Innerhalb von nur fünf Jahren hatten sie in Dresden drei verschiedene Wohnungen bezogen. Auch als sie im Herbst 1888 in die Lößnitz übersiedelten, setzte sich die Umzugswelle fort. Erst Kötzschenbroda, dann Oberlößnitz, schließlich, mit dem Erwerb der Villa, Radebeul. In dieser Zeit kam es auch zur Bekanntschaft mit dem in Radebeul ansässigen Verbandsstoff-Fabrikanten Richard Plöhn (1853–1901) und seiner Frau Klara, geb. Beibler (1864–1944), die sich bald zu einer engen und folgenreichen Freundschaft entwickeln sollte.

Mehr als in den Jahren zuvor konnte Karl May nun auch daran denken zu reisen. Dabei pflegte er nicht selten eine gute Mischung

Karl Mays
ägyptischer Diener
Sejd Hassan

aus Geschäfts- und Vergnügungsreisen. Außer zu seinen Verlegern suchte er vor allem den Kontakt zu Verehrern und Lesern. Hauptsächlich war er in Deutschland und Österreich unterwegs.

Zum Erfolg Karl Mays gehören ebenfalls die zahlreichen Übersetzungen. Bereits in den achtziger Jahren, noch vor seinem wirklichen literarischen Durchbruch, waren Arbeiten in französischer, dänischer, holländischer und tschechischer Sprache erschienen. In den folgenden Jahrzehnten nahm die Zahl der fremdsprachigen Ausgaben spürbar zu. Heute gehört das Werk Karl Mays in diesem Sinne unbestritten zur Weltliteratur.

Die großen Reisen
Orient und Nordamerika

Karl May hat in seinem Leben zwei außereuropäische Reisen unternommen. Die erste und zugleich längere führte ihn in den Orient, die zweite und wesentlich kürzere nach Nordamerika. Auf beiden Reisen hat er die Schauplätze der bis dahin geschriebenen Romane und Erzählungen nicht betreten. Beide Reisen konnte er erst beginnen, als sich mit dem Erscheinen der gesammelten Reiseromane auch der finanzielle Erfolg eingestellt hatte. Aber zu diesem Zeitpunkt stand er bereits im vorgerückten Alter. Als er in den Orient aufbrach, zählte er 57 Jahre, und als er zum erstenmal amerikanischen Boden betrat, war er immerhin schon 66 Jahre alt. So wurden daraus auch keine wildbewegten „Fahrten und Abenteuer", sondern eher beschauliche Reisen als Tourist.

Die für das Leben und Werk Karl Mays folgenreichere der beiden Reisen war die erste, die lange und zumeist einsame Fahrt durch den Orient. Sie begann im März 1899 und war nicht zuletzt auch dafür gedacht, seiner sorgfältig zurechtgezimmerten Fiktion, in den Büchern im Wesentlichen Selbsterlebtes zu beschreiben, den krönenden Schluss-Stein einzufügen. Er vertraute dabei auf die falsche Logik vor allem seiner naiven Leser, angesichts des voluminösen literarischen Werkes aus dieser jetzigen Reise auf viele vorausgegangene zu schließen. Doch am Ende kam alles ganz anders.

Karl May in He-
luan (16. April
1900) südlich
von Kairo

Karl May war während des ersten Teils dieser Reise ein drei-
viertel Jahr lang fast allein unterwegs, nur begleitet von seinem
ägyptischen Diener Sejd Hassan. Frau Emma war gemeinsam mit
dem befreundeten Ehepaar Plöhn in Genua zurückgeblieben. Als
einsamer Wanderer reiste May vom Ankunftshafen Port Said über
Ismailia nach Kairo, besuchte die Pyramiden von Gizeh, die Stadt
Heluan, später Assiut, Luxor und Assuan. Nach Kairo zurückgekehrt
ging er über Port Said nach Beirut. Von hier aus fuhr er nach Haifa
und Nazareth, zum See Genezareth, nach Tiberias, Sarona, Jaffa,
Ramle und Jerusalem. Jaffa war Anfang September der Ausgangspunkt für eine weitere Schiffsreise, in deren Verlauf er über Port
Said und Suez durch das Rote Meer nach Aden, von dort nach
Massaua und wieder über Aden bis nach Colombo auf Ceylon
(heute Sri Lanka) und weiter bis Penang, Uleh-leh, Kota Radja und
Padang auf Sumatra (Indonesien) gelangte. Erst Mitte Dezember 1899 traf er wieder in Port Said ein.

Dieses erste monatelange Alleinsein in fremder, ungewohnter
Umgebung nach vielen Jahren strapaziöser Schreibtischtätigkeit,
dieses plötzliche erstmalige Zeithaben für sich nach jahrzehnte-
langer harter Terminarbeit für andere, aber auch das abrupte Ver-
lassensein von vertrauten Menschen, hatten als natürliche Reaktion einen Rückzug und eine Konzentration auf das eigene Ich, ein
Auf-sich-selbst-Besinnen und Zu-sich-selbst-Finden zur Folge,
das Karl May derart intensiv durchlebte, dass in diesem Zusammenhang von einer tiefen Persönlichkeitskrise gesprochen werden
kann. Diese Phase war durch ein ständiges Bilanzieren, Suchen,

Verwerfen, Hoffen, Zweifeln, Verzagen und schließliches Finden gekennzeichnet.

Eine Reihe anderer Faktoren spielte hinein, etwa die Konfrontation mit der Wirklichkeit des Orients, die so ganz anders war als jene, die auf der Grundlage von Reisewerken und geografischer wie ethnografischer Literatur seine Fantasie ihm vorgegaukelt hatte. Ferner die Angst vor der Entdeckung seiner Vorstrafen, die infolge der langen Einsamkeit offenbar immer stärker in ihm aufgestiegen war, nicht zuletzt auch beeinflusst durch den Umstand, dass gerade jetzt, wie er erfuhr, sich einzelne Zeitungen daheim in Deutschland erstmals seinen Büchern und bald auch seiner Person in einem größeren Umfang betont kritisch zugewandt hatten.

Trotz dieser inneren und äußeren Vorgänge wurde die große Reise fortgesetzt, nun aber nicht länger mehr allein, sondern in Gesellschaft. In Port Said hatten seine Frau und das befreundete Ehepaar Plöhn eintreffen sollen. Doch diese befanden sich immer noch in der Nähe von Genua, wo Richard Plöhn, der an einer tödlichen Nierenkrankheit litt (er starb am 14. Februar 1901 in Radebeul), pflegebedürftig daniederlag. Erst Mitte März 1900 konnte der zweite Teil der Reise, der gemeinschaftlich unternommen werden sollte, auch tatsächlich angetreten werden. Er beschränkte sich auf den Nahen Osten und führte zu vielen Orten und Plätzen, die Karl May zuvor bereits allein aufgesucht hatte: Port Said, Kairo, die Pyramiden von Gizeh, Heluan, wiederum Port Said, Jaffa, Ramle, Jerusalem, Jericho, Tiberias, Nazareth, Haifa, Beirut, Baalbek, Damaskus und erneut Beirut. Die Rückreise erfolgte von hier aus über Istanbul, Piräus, Athen, Korinth, Patras, Korfu, Brindisi, Bologna, Venedig, Bozen und München. Am 31. Juli 1900 war die Reise zu Ende.

Die tiefe persönliche Erschütterung, die er während dieser Zeit durchlitten hatte, und ihre schließliche Überwindung sollten sich auch bald in seinem Schaffen niederschlagen. Seinen Verleger Fehsenfeld überraschte er schon am 10. September 1900 mit der Nachricht: *„Zu Ihrer Orientierung kurz Folgendes: Alle meine bisherigen Bände sind nur Einleitung, nur Vorbereitung ... Ich trete erst jetzt an meine eigentliche Aufgabe ..."*

Im Unterschied zur Reise in den Orient mit ihren nachhaltigen Folgen lief die Stippvisite in Nordamerika nur als eine ganz gewöhnliche Besuchsreise ab. Einige der Eindrücke, die er hierbei sammelte, hat er im vierten Band des „Winnetou" verarbeitet. Die Überfahrt nach New York erfolgte Anfang September 1908, diesmal in Begleitung seiner zweiten Frau. Von Emma, geb. Pollmer, hatte er sich inzwischen scheiden lassen und kurz darauf Klara, die Witwe seines alten Freundes Richard Plöhn, geheiratet.

Von New York aus reisten die beiden nach Albany mit Abstechern nach Pittsfield und zum Mount Lebanon, weiter nach Buffalo, zu den Niagara-Fällen, zum Seneca-See mit einem Besuch der Tuscarora-Indianerreservation, dann über den Ontario-See nach Toronto. Anfang Oktober trafen sie in Lawrence/Massachusetts bei einem Jugendfreund aus der Heimat ein. Nach Ausflügen in die nähere und weitere Umgebung der Stadt (Manchester, Andover) fand die Reise ihren Abschluss. Die letzten Stationen waren Boston und New York. Anfang November 1908 kamen sie wieder daheim an. Eine Woche London Anfang Dezember hatte die Amerika-Reise endgültig abgeschlossen.

Karl May in einer Tuscarora-Reservation bei Niagara Falls (September oder Oktober 1908)

Ein Lieferungs-
heft des Ro-
mans „Deut-
sche Herzen –
Deutsche Hel-
den"

Die großen Auseinandersetzungen
Kritik – Prozesse – Anerkennung

Wenigstens bis zur Jahrhundertwende wurde Karl May allgemein
als „katholischer Schriftsteller" betrachtet. Seine jahrelange Tätigkeit für den katholischen Verlag Friedrich Pustet, seine Arbeiten
für zahlreiche andere katholische Firmen, seine Mitwirkung an
verschiedenen Marienkalendern und nicht zuletzt seine Komposi-
tion „Ave Maria" ließen eigentlich keine Zweifel darüber aufkom-
men. Seine Aufnahme in Heinrich Keiters „Katholischen Literaturkalender" (ab 1892) und die Kennzeichnung als katholischer Autor
im berühmten „Deutschen Literaturkalender" von Joseph Kürschner (ab 1894) bestätigten diese Zuordnung.

Wie eine Bombe schlug es daher ein, als um 1900 in der
Öffentlichkeit der Vorwurf erhoben wurde, Karl May habe zur

3476   Vermischte Anzeigen.   № 98, 29. April 1901

Erklärung.

Die vielen direkten Anfragen seitens des Publikums, ob die Werke meiner Ausgabe von: „Karl May's illustr. Werke" auch von dem bekannten und beliebten Reiseschriftsteller

Karl May in Radebeul bei Dresden, Villa Shatterhand,

geschrieben sind, zwingen mich aus nachstehendem Grunde hier nochmals zu erklären, daß dies der Fall ist!

Aus betreffenden Anfragen muß ich leider entnehmen, daß gewisse Zeitschriften und selbst Sortimentsbuchhändler dem Publikum gegenüber diese Thatsache ableugnen.

Ich erkläre daher, daß ich von jetzt an wegen geschäftlicher Schädigung gegen diejenigen gerichtlich vorgehen werde, die gegenteilige Auskünfte erteilen oder derartige falsche Gerüchte verbreiten.

Herr Karl May giebt in seiner Erklärung im Börsenblatt und im Allgemeinen Wahlzettel selbst zu, daß er die betreffenden Werke meines Verlages geschrieben hat! bitte daher diejenigen Sortimenter, die der ganzen Angelegenheit unparteiisch gegenüberstehen, mich in Verbreitung der Wahrheit zu unterstützen und mir gegenteilige Behauptungen mitzuteilen.

Heft 7 der ersten Serie von Karl Mays illustrierten Werken aus meinem Verlage erscheint nächste Woche, die Fortsetzungen folgen, wie angekündigt, alle 10 Tage.

hochachtungsvoll

Dresden A., den 27. April 1901.   H. G. Münchmeyer.

Mit dieser Erklärung bestätigte der neue Inhaber des Münchmeyer-Verlages, Adalbert Fischer, dass die von ihm herausgebrachten „Karl May's Illustrierte Werke" tatsächlich den bekannten Reiseschriftsteller gleichen Namens zum Verfasser haben. Er reagierte damit auf Zweifel, die darüber in der Öffentlichkeit laut geworden waren.

Die Buchausgabe „Deutsche Herzen – Deutsche Helden"

gleichen Zeit, als er für katholische Verlage schrieb, auch „Schund-literatur" verfasst. Ausgelöst wurde diese Anschuldigung durch den neuen Inhaber des Münchmeyer-Verlages, Adalbert Fischer. Dieser brachte die fünf großen Kolportageromane, die Karl May seinerzeit für Münchmeyer geschrieben hatte und die – bis auf einen – damals pseudonym beziehungsweise unter Kryptonym erschienen waren, ungefragt als illustrierte Ausgabe unter dem wirklichen Verfassernamen, der inzwischen zu einem Begriff geworden war, mit großem Reklameaufwand erneut heraus.

Als in diesen Romanen gar Textstellen entdeckt wurden, die in der damaligen öffentlichen Meinung als unsittlich galten, war der Skandal perfekt. Auf diese Weise geriet Karl May unversehens in den Sog der etwa zur gleichen Zeit anlaufenden Schundliteratur-debatten. Eine Schar von Kritikern und Gegnern formierte sich. Die bürgerliche Pädagogik und Jugendbuchkritik gehörten ebenso dazu wie die Kulturreformbewegung um den deutschnationalen „Kunstwartkreis" und den „Dürerbund".

Auf katholischer Seite war die Empörung verständlicherweise besonders groß. Verstärkend und für Karl May belastend kam hinzu, dass ungefähr zum selben Zeitpunkt die von Bismarck be-triebene Kulturkampfpolitik ausklang, was im katholischen Lager zum Teil zu einer Abkehr von den bisherigen isolationistischen Positionen führte. Innerhalb des Katholizismus begann sich jetzt auf politischem, aber auch literarischem Gebiet eine junge Bewe-gung zu entfalten, die darauf abzielte, die alte konfessionelle Absonderung zu überwinden und wieder Anschluss an die allge-meine nationale Entwicklung zu finden. Für diese national gesinn-ten katholischen Kreise mögen die Karl-May-Romane allenfalls als „Kulturkampflektüre" nützlich gewesen sein, bei der Lösung der neuen Aufgaben waren sie nicht mehr zu gebrauchen, schon gar nicht jetzt, wo ihr Verfasser, der in der Öffentlichkeit noch immer als einer der ihren galt, der katholischen Kirche einen so schwe-ren Schaden zufügte. Dieser Ballast musste abgeworfen werden. Wortführer dieser Strategie waren der Zentrumspolitiker Hermann Cardauns, der Publizist Karl Muth sowie namentlich drei journa-listisch und literarisch tätige Ordensgeistliche, und zwar die Bene-diktinerpatres Willibrord Beßler und Ansgar Pöllmann sowie der Franziskaner Expeditus Schmidt.

Die Eheleute
Karl und Klara
May (1907)

Es gab freilich auch Kräfte innerhalb des Katholizismus, die an den alten Standpunkten aus der Kulturkampfzeit festhielten. Von daher erklärt sich auch ihre weiterhin im Grunde ungetrübte Beziehung zu Karl May. Die wichtigsten Vertreter dieser traditionalistischen ultramontanen Richtung hatten sich im „Gralbund" unter der Führung des österreichischen Literaten und Publizisten Richard von Kralik zusammengeschlossen.

Der Skandal um die Kolportageromane und besonders um die darin enthaltenen „unsittlichen Stellen", der auch bald zu juristischen Auseinandersetzungen führte, wurde endgültig erst im Jahre 1907 durch eine Übereinkunft zwischen Karl May und den Erben des kurz zuvor verstorbenen Adalbert Fischer beigelegt, als Fischers Nachfolger erklärten, die fraglichen Romane hätten „im

Laufe der Zeit durch Einschiebungen und Abänderungen von dritter Hand eine derartige Veränderung erlitten", dass „sie in ihrer jetzigen Form nicht mehr als von Herrn Karl May verfasst gelten" könnten. Daraufhin durften sie nur noch als anonym verfasst verbreitet werden.

Noch dauerte die Auseinandersetzung an, als ein Mann auf der Bildfläche erschien, der bald Karl Mays ärgster Widersacher werden sollte: der Journalist Rudolf Lebius. Während der Schundliteratur-Debatte bot er May publizistische Hilfe an. Als dieser das hauptsächlich von finanziellen Erwartungen getragene Ansinnen abwies und ihm seine kurz darauf geäußerten Darlehenswünsche ebenfalls ausschlug, die zuletzt sogar in erpresserischer Form vorgetragen worden waren, hatte er sich Lebius zum unversöhnlichen Feind gemacht.

Der Höhepunkt dieser Feindschaft wurde erreicht, als die deutschen Sozialdemokraten im Herbst 1907 in einem Prozess gegen Lebius, der sich inzwischen zu einem führenden Vertreter der unternehmerfreundlichen „Gelben Gewerkschaften" gemausert hatte, Karl May als Zeugen gegen ihn benannten. Um diese für ihn gefährliche Zeugenschaft als unglaubwürdig abtun zu können, stocherte Lebius in der Vergangenheit Karl Mays herum und entdeckte dessen Vorstrafen. Als er Karl May hierauf einen „geborenen Verbrecher" nannte und dieser dagegen juristisch vorging, wertete das angerufene Gericht dies nicht etwa als Beleidigung, sondern billigte vielmehr Lebius angesichts der Zeugenschaft Mays die „Wahrung berechtigter Interessen" zu und sprach ihn frei! Die Folgen dieser gerichtlichen Entscheidung waren für Karl May schlichtweg katastrophal. Sein „Fall" wurde nun auch zum Gegenstand politischer und konfessioneller Tageskämpfe gemacht. Weitere Prozesse folgten, einige davon wurden auch in seiner Heimatstadt Hohenstein-Ernstthal ausgefochten.

Bereits im Streit um die Kolportageromane war herausgekommen, dass sich Karl May den Doktortitel, den er schon mindestens seit 1880 öffentlich führte, zu Unrecht zugelegt hatte. Und jetzt noch als Vorbestrafter entlarvt! In der gesamten konservativen, deutschnationalen, antisemitischen und liberalen Presse erhob sich ein Sturm der Entrüstung. Für diese Kreise war Karl May fortan ein „toter Mann". Aber er fand auch Verteidiger. So bei Sozialdemokraten, bei freien Gewerkschaftern und bei namhaften gesellschaftskritischen, oppositionellen, linksbürgerlichen und avantgardistischen Intellektuellen wie zum Beispiel Egon Erwin Kisch, Heinrich Mann, Erich Mühsam, Maximilian Harden, Berthold Viertel, Herwarth Walden und anderen. Besonders betroffen machte ihn der Umstand, dass seine geschiedene Frau Emma in der Folgezeit wiederholt auf die Seite seiner Gegner übertrat.

Die öffentlichen Polemiken, denen Karl May ausgesetzt war, und die gerichtlichen Auseinandersetzungen, die er in diesem Zusammenhang ausfechten musste, bewirkten auch eine spürbare Absatzminderung seiner „Gesammelten Reiseerzählungen". Der Verleger Fehsenfeld hoffte, diese Entwicklung abzufangen, indem er ab 1907 eine illustrierte Ausgabe anbot.

Spät, im Grunde für ihn schon zu spät, konnte Karl May seinen schlimmsten Widersacher endlich doch noch niederringen. Im Dezember 1911 wurde Rudolf Lebius in der Berufungsinstanz verurteilt. Karl May und seine Fürsprecher hatten nun auch juristisch Recht bekommen.

Das literarische Spätwerk
Aufruf zum Frieden und zur Mitmenschlichkeit

Die große und lange einsame Reise durch den Orient, die eine tiefe persönliche Krise hervorgerufen, doch letztendlich zu neuen Einsichten und Zielen geführt hatte, bildete den eigentlichen Ausgangspunkt dafür, dass Karl May hinfort andere Bücher schrieb: Werke, die im Unterschied zu den schlichten Erzählungen der Vorreisezeit höheren Ansprüchen genügen wollten. Die wenig später auf ihn zurollenden großen Auseinandersetzungen haben diese Entwicklung wohl entscheidend mitgeprägt.

Karl May bekam zu dieser Zeit eine klare Vorstellung davon, dass einem Schriftsteller, zumal einem erfolgreichen, auch eine soziale Funktion und Verantwortung aufgetragen ist. Für sich erblickte er sie darin, mit seinen Mitteln zur Erziehung des Menschen und über den Menschen zur Humanisierung der Gesellschaft beizutragen. Was sich schon zum Teil aus seinen Reisewerken erschloss, rückte nun in den Mittelpunkt.

Et in terra pax.

Reise-Erzählung von Karl May.

Erstes Kapitel:

Am Thore des Orients.

Kairo bei Abend.

„Ich bin Sejjid Omar!"

Wie stolz das klang, und wie beweises-kräftig die Gebärde war, mit welcher er diese Worte zu begleiten pflegte! „Ich bin Sejjid Omar," das sollte sagen: „Ich, Herr Omar, bin ein studier-ter, schriftkundiger Abkömmling des Propheten, welcher der Liebling Allahs ist. Mein Name wurde mit allen meinen persönlichen Vorzügen in die heilige Stammrolle zu Mekka eingetragen; darum habe ich das Recht, ein grünes Ober-kleid und einen grünen Turban zu tragen. Wenn ich sterbe, wird die Kuppel meines Grabmals grün angestrichen und mir die Thür des obersten der Himmel gleich geöffnet sein. Respekt also vor mir!"

Was aber war dieser Sejjid Omar? Ein Eselsjunge! Er hatte seinen „Stand" an der Esbekije in Kairo, dem Hotel Kontinental, in welchem ich wohnte, gegenüber. Ein schön und kräftig gebauter, junger Mann von wenig über zwanzig Jahren, war er mir durch seinen steten Ernst und die angeborene Würde seiner Bewegungen aufgefallen. Ich beobachtete ihn gern von meinem Balkon aus, und wenn ich unten auf dem prächtigen Vorplatze des Hotels meinen Kaffee trank, konnte ich ihn sprechen hören. Sein

Kürschner, China III.

Gesicht zeigte zwar auch den Zug von Verschlagenheit, der allen Eseltrei-bern eigen ist, aber er war nicht auf-dringlich und lag seinem Geschäfte in einer Weise ob, als werde jedem, der sich seines Esels bediente, eine ganz besondere Gunst erwiesen. Er gab sich so wenig wie möglich mit Be-rufsgenossen ab, und wenn sie ihn für diese Zurück-haltung mit spöt-tischen Redensar-ten zu ärgern ver-suchten, bekamen sie nichts als ein verächtliches „Ich bin Sejjid Omar" zu hören. Wollte ein Fremder mit ihm feil-schen, oder wurde ihm irgend etwas gesagt oder zugemutet, was er für gegen seine Ehre hielt, so wendete er sich mit einem geringschätzenden „Ich bin Sejjid Omar" ab und war dann für den Betreffenden nicht mehr zu sprechen.

Die Folge war, daß ich ihm ein ganz besonderes Inter-esse schenkte, obgleich sich mir keine Gelegenheit bot, ihm dies in Beziehung auf sein Geschäft zu beweisen. Aber Blicke ziehen einander bekanntlich an. Ich bemerkte, daß auch er sehr oft zu mir herüber sah. Er schien unruhig zu werden, wenn ich nach dem Mittag- und dem Abendessen mich nicht sofort auf der Terrasse sehen ließ, und so oft ich beim Ausgehen an ihm vorüber kam, trat er, obgleich ich ihn gar nicht zu beachten schien, einen Schritt zurück und legte, still grüßend, die Hände auf die Brust.

In dem erwähnten Hotel giebt es zu Seiten des Speisesaales zwischen den Säulen kleinere Tische für Gäste, welche es nicht lieben, an der Tafel enggepfercht zu sitzen. Ich hatte mir einen dieser Tische für mich allein reservieren lassen. Der links davon war nicht besetzt; an dem zu mei-ner rechten Hand gab es seit gestern zwei Fremde, welche

1

Beginn des großen Friedensromans „Et in terra pax"

Sein Programm stellte im Grunde eine Verbindung von bürgerlicher Aufklärung und neutestamentlichem Christentum dar. Zum Zentralbegriff wurde die „Menschheitsfrage". Dahinter verbirgt sich das Problem, wie sich der Mensch vom bösen zum guten, vom aggressiven zum friedfertigen, vom Gewalt- zum Edelmenschen, von „Ardistan" nach „Dschinnistan" entwickeln könne. In diesem Zusammenhang gewann für ihn besonders die Friedensthematik an Bedeutung.

Schon 1901 machte Karl May deutlich, wie ernst es ihm damit war. Als die imperialistischen Hauptmächte, darunter an führender Stelle das kaiserliche Deutschland, in China militärisch intervenierten und er aus diesem Anlass für ein chauvinistisches Machwerk einen passenden Beitrag schreiben sollte, durchkreuzte er dieses Ansinnen und lieferte stattdessen „Et in terra pax", einen Roman, der von Toleranz und Völkerversöhnung handelt (in erweiterter Fassung 1904 als Buch unter dem Titel „Und Friede auf Erden!" erschienen). Vier Jahre später, im Oktober 1905, suchte und fand Karl May eine Verbindung zur bekannten österreichischen Pazifistin und Friedensnobelpreisträgerin Bertha von Suttner, die bis zu seinem Tod bestehen blieb.

Karl Mays gesammelte Reiseromane mit den Titelbildern des Malers Sascha Schneider

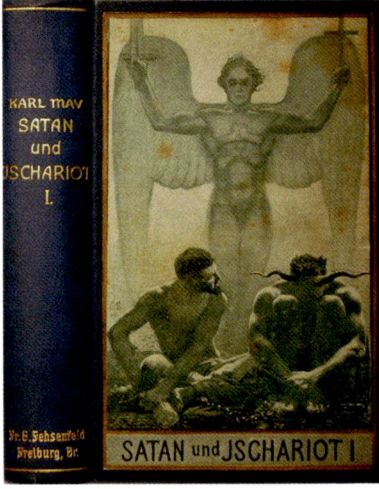

Karl May und
Sascha Schneider

In der Gewissheit, nunmehr seine eigentliche Aufgabe als Schriftsteller gefunden zu haben, und willens, seine selbstgestellte Mission zu erfüllen, ging Karl May vor allem auch unter dem Druck der großen, gegen ihn gerichteten Auseinandersetzungen und dabei namentlich in Abwehr des Vorwurfs, ein Schundliterat zu sein, dazu über, auch sein gesamtes früheres literarisches Werk im Sinne seines neuen Selbstverständnisses umzudeuten. Um dies auch nach außen hin zu dokumentieren, ließ er für seine Bücher neue Deckelbilder fertigen. Für diese Aufgabe gewann er den Maler Sascha Schneider (1870–1927), einen bedeutenden Vertreter des Symbolismus in Sachsen.

Hinzuzufügen vermochte er seinem Werk jedoch nur noch weniges. Die unseligen Auseinandersetzungen, an denen er natürlich nicht schuldlos war, haben ihm viel zuviel von seiner Kraft und seiner Zeit geraubt. Dennoch hat er mit „Und Friede auf Erden!", mit „Ardistan und Dschinnistan", mit „Winnetou IV", aber auch mit Kurzerzählungen, wie z. B. „Merhameh", interessante Leistungen

Karl May, 1911

vorgelegt, die gut erkennen lassen, wohin er sein spätes Werk insgesamt führen wollte.

Ein erschütterndes Dokument und ein ehrliches, vom festen Willen zur Wahrhaftigkeit durchdrungenes Bekenntnis stellt die Autobiografie „Mein Leben und Streben" dar, obwohl es als Ganzes kein Kunstwerk ist. Viel zu schrill haben die Gegner ihm hineindiktiert.

Auch wenn es Karl May nicht vergönnt gewesen ist, sein „eigentliches" Werk zu vollenden: *Ein* Triumph war ihm am Ende des Lebens doch noch beschieden. Junge, avantgardistische Intellektuelle hatten ihn für den 22. März 1912 zu einem Vortrag nach Wien eingeladen, wo er auf die Anschuldigungen seiner Gegner öffentlich antworten, sein Lebenswerk verteidigen und die Pläne und Ziele erläutern konnte. Was er unter der Überschrift „Empor ins Reich der Edelmenschen" hören ließ, war vor allem ein leidenschaftlicher Appell zum Frieden und zur Mitmenschlichkeit. Er konnte damals nicht ahnen, wie missbräuchlich der Begriff vom „Edelmenschen" von den Nazis im Dritten Reich verwendet und verstanden werden sollte.

Wenige Tage nach der Rückkehr aus Wien starb Karl May nach kurzer Krankheit am 30. März 1912 in Radebeul an Herzversagen.

Die wissenschaftlichen Traditionen

Erste Karl-May-Forscher in Hohenstein-Ernstthal schufen Grundlagen für das Entstehen des Museums

Die Anfänge der wissenschaftlichen Beschäftigung mit Leben und Werk Karl Mays sind gekennzeichnet durch weit über die Stadtgrenzen hinaus wirkende Aktivitäten herausragender Persönlichkeiten, ohne deren jahrelange akribische Arbeit, zum Teil unter schwierigen Umständen, viele biografische und bibliografische Details unbekannt geblieben und wahrscheinlich das allgemeine Interesse an Person und Wirken Mays im Verlaufe des vergangenen Jahrhunderts nicht gleichermaßen befördert worden wären.

Hans Zesewitz (1888–1976)

Hans Zesewitz gilt als Begründer der Karl-May-Forschung. Er wurde am 23. Dezember 1888 in Colditz geboren. In Rochlitz besuchte er das Lehrerseminar, arbeitete von 1909 bis 1912 in Rochsburg als Hilfslehrer und ab 1912 als ständiger Lehrer in Hohenstein-Ernstthal. Ab 1920 leitete er ehrenamtlich die Stadtbibliothek, die heute seinen Namen trägt. Jahrelang wirkte er als Stadtarchivar.

Hans Zesewitz hat Hunderte von Pressebeiträgen und zwei Abhandlungen für die alten „Karl-May-Jahrbücher" geschrieben und zahlreiche weitere gedruckte und ungedruckte Arbeiten hinterlassen. Als sicher galt für ihn nur, was sich durch Urkunden und Dokumente belegen ließ. Ihm ist zu danken, dass wir heute das Geburtshaus Mays kennen. Er stellte eine erste Ahnentafel auf, ermittelte die Akten zur Hebammenausbildung der Mutter, erforschte die Situation zur Kindheit Mays und anderes mehr wie auch die Geschichte der Karl-May-Höhle (damit hat er sicherlich einer möglichen Zerstörung durch den Serpentinit-Abbau im Oberwald vorgebeugt). Hans Zesewitz publizierte 162 Beiträge zur Heimatgeschichte und 630 Berichte zum Musikleben der Region.

Hans Zesewitz, 1963

Hinzu kommen Hunderte von Vorträgen. Mit seinen Arbeiten zu Karl May schuf Zesewitz ein Fundament, auf dem spätere Forscher aufbauen konnten.

Den Ausgangspunkt bildete ein Artikel im „Hohenstein-Ernstthaler Tageblatt" vom 12. März 1921. Aus Anlass des bevorstehenden 80. Geburtstags von Karl May bat Zesewitz, ihm Bücher des Autors und insbesondere „Mitteilungen über bisher unbekannte Einzelheiten aus seinen frühesten Jugendjahren" für eine größere biografische Arbeit kurzzeitig zur Verfügung zu stellen. Er pflegte gute Kontakte zum Karl-May-Verlag in Radebeul (gegründet am 1. Juli 1913 als Verlag der Karl-May-Stiftung; seit dem 1. Januar 1915 aus rechtlichen Gründen als Karl-May-Verlag Radebeul) bzw. Bamberg. Durch die freundschaftlichen Beziehungen zu dem Verleger Dr. Euchar Albrecht Schmid (1884–1951) wurden Aktivitäten in der Geburtsstadt Karl Mays sehr gefördert.

1929 konstituierte er, nicht ohne Schwierigkeiten im Vorfeld, unter maßgeblicher Mithilfe des Buchhändlers Johannes Zimmermann, einen 18-köpfigen Karl-May-Ausschuss, der sich die Karl-May-Ehrung in Hohenstein-Ernstthal zum Ziel gesetzt hatte. Noch im gleichen Jahr konnten die Gedenktafel am Geburtshaus Karl Mays angebracht und das erste Teilstück der heutigen Karl-May-Straße nach dem Schriftsteller benannt werden.

Nicht unerwähnt soll Zesewitz' Einsatz für den Naturschutz bleiben. Der Erhalt manchen Natur- und Kulturdenkmals im ehemaligen Kreis Hohenstein-Ernstthal ist seinem Bemühen zu verdanken. Nach dem 50-jährigen Berufsjubiläum ging er 1959 in den Ruhestand, arbeitete aber bis 1966 noch zeitweise als Vertragslehrer. Hochbetagt starb Hans Zesewitz am 26. Januar 1976.

Dr. Karl Streller (1908–1981)

Dr. phil. Karl Streller gehört zu den besten Kennern der Geschichte Hohenstein-Ernstthals wie auch des westsächsischen Raumes. Schon seine im Alter von 25 Jahren bei dem namhaften Wirtschafts-, Regional- und Siedlungshistoriker Rudolf Kötzschke (1867–1949) in Leipzig verteidigte Dissertation über „Die Geschichte eines nordwestsächsischen Bauerngeschlechtes im Verlauf von drei Jahrhunderten" (gedruckt Werdau 1933) legt Zeugnis davon ab. Ebenso eine größere spätere Abhandlung „Die Besiedlung und die territoriale Entwicklung des ehemaligen Gaues Zwickau von den Anfängen bis zum Ausgang des Mittelalters", die in den „Herbergen der Christenheit. Jahrbuch für deutsche Kirchengeschichte 1971" (Berlin 1973) veröffentlicht worden ist. Darüber hinaus hat er noch zwei auch für die Biografie Karl Mays wichtige Arbeiten vorgelegt, die allerdings bis heute ungedruckt geblieben sind. Das eine Manuskript, das er gemeinsam mit dem Ernstthaler Kantor Martin Fankhänel (1900–1955) verfasst hat, zeichnet „Die Geschichte der alten Ernstthaler Kirchschule" nach. Die andere Arbeit ist ein „Häuserbuch von Hohenstein", ein Verzeichnis sämtlicher Hohensteiner Häuser mit Angabe ihrer jeweiligen Besitzer, aller Kauf- und Verkaufstermine sowie der Kaufsummen, das er zusammen mit dem ehemaligen Leiter des alten Hohenstein-Ernstthaler Heimatmuseums, Willi Riedel, zusammengestellt hat.

Innerhalb der Karl-May-Forschung ist Dr. Streller hauptsächlich durch seine vorbildlich recherchierten und bis weit in die Vergangenheit zurückreichenden „Genealogischen Tafeln der Vorfah-

Dr. Karl Streller, 1948

ren Karl Mays" bekannt geworden, die dem Jahrbuch der Karl-May-Gesellschaft 1979 beigegeben wurden. Daneben wird sein Name immer wieder in Aufsätzen über die frühe Biografie Karl Mays genannt.

Karl Streller wurde am 18. Januar 1908 in Werdau/Sachsen als Sohn eines Bürgerschullehrers geboren. Nach dem Besuch der Ersten Bürgerschule, des Real- und späteren Oberrealgymnasiums und nach der Beendigung seiner Universitätsstudien in Leipzig kam er als Lehrer an die Handelsschule nach Hohenstein-Ernstthal. Nach 1945 war er bis zuletzt als Genealoge und Ephoralarchivar der Ephorien Glauchau, Rochlitz und Zwickau tätig. Auch als er in das neue Arbeitsfeld überwechselte, blieb er in Hohenstein-Ernstthal. Im alten Kantorhaus gegenüber der Kirche St. Trinitatis in Ernstthal bewohnte er dieselben Räume wie einige Generationen vor ihm Karl Mays väterlicher Freund, der Kantor Samuel Friedrich Strauch. Am 20. Januar 1981, zwei Tage nach seinem dreiundsiebzigsten Geburtstag, ist Dr. Karl Streller in Hohenstein-Ernstthal gestorben.

Adolf Stärz (1921–1987)

Zu DDR-Zeiten, als Karl May in seiner Heimat offiziell fast totgeschwiegen wurde, hat Adolf Stärz immer wieder beharrlich versucht, die Erinnerung an den großen Sohn der Stadt Hohenstein-Ernstthal wachzuhalten. Der Forschung gab er wichtige Impulse; er führte auch unter schwierigen Bedingungen eine umfangreiche Korrespondenz mit prominenten May-Forschern, unter anderem mit Ludwig Patsch, Fritz Maschke und Karl-May-Verleger Roland Schmid.

Auf Anregung von Patsch recherchierte Stärz zum Jahreswechsel 1958/59 im Staatsarchiv Dresden. Und dabei gelang ihm *die* Entdeckung seines Lebens: In den Akten fand er den Beweis für Karl Mays vierte Straftat, von der nur wenige Eingeweihte wussten – die Akte „Amtsgericht Stollberg Nr. 129". Sie wurde im Buch „Karl May und Emma Pollmer" von Maschke 1973 veröffentlicht.

Eine erste Auswertung des Dokumentes nahm Stärz bereits im August 1959 vor. Unter dem Titel „Müssen wir uns seiner schämen?" zitierte er in der Zeitschrift „Kultur und Heimat" aus der Akte und versuchte so, eine Diskussion über Karl May zu entfachen. In den folgenden Heften gab es weder Pro- noch Kontrastimmen, aber der Kulturbund reagierte dennoch. In einer Veranstaltung am 25. Februar (!) 1960 referierte der Kreisvorsitzende, Ernst Georgi, über die von Adolf Stärz aufgeworfenen Fragen und bezog eindeutig Stellung gegen Karl May. Anfang 1977 unternahm Stärz einen erneuten Versuch. Doch auch die Tageszeitung „Freie Presse" wollte keine Erörterung über Karl May führen.

An der Ausgestaltung des Karl-May-Hauses als museale Einrichtung waren Adolf Stärz (mit 160 Arbeitsstunden) und seine Gattin maßgeblich beteiligt. So entstand die Kara-Ben-Nemsi-Figur unter seinen geschickten Händen. Mit gleichem Elan unterstützte er die erste Sonderausstellung 1987. Hier waren die von ihm gefertigten Duplikate von Silberbüchse, Henrystutzen und Bärentöter erstmals offiziell zu sehen.

Adolf Stärz wurde am 22. Februar 1921 im böhmischen Althabendorf (Kreis Reichenberg) als Sohn eines Fuhrunternehmers geboren. Nach der Lehre als kaufmännischer Angestellter reiste er als Vertreter eines Tabakunternehmens. Im Zweiten Weltkrieg war

Adolf Stärz am 25. Februar
1987 im Karl-May-Haus

er zumeist Nachrichtensoldat an der Ostfront. Er kam mit guten
Russischkenntnissen zurück und arbeitete dann als Autoschlosser,
privater Russischlehrer und selbstständiger Dolmetscher und Übersetzer. Ab 1952 wirkte er als Russischlehrer an der Pestalozzischule
in Hohenstein-Ernstthal. Adolf Stärz starb am 6. Juli 1987.

Der Wissenschaftliche Beirat Karl-May-Haus

An die von den drei großen Hohenstein-Ernstthaler Forschern begründete Tradition der wissenschaftlichen Arbeit für Karl May knüpft verpflichtend der Wissenschaftliche Beirat Karl-May-Haus an. Dieses ehrenamtliche Gremium konstituierte sich am 10. Oktober 1987. Zu seinen vorrangigen Aufgaben zählten und zählen damals wie heute die wissenschaftliche Unterstützung der musealen Gedenkstätte und die Forschungsarbeit zu Leben und Werk Karl Mays; Beziehungen zur Regionalgeschichte markierten hierbei einen Schwerpunkt, aber keine Einengung. Ergebnisse der Arbeiten werden unter anderem durch Sonderausstellungen, Publikationen und andere öffentliche Wirksamkeit, Vorträge beispiels-

Einige Mitglieder des Wissenschaftlichen Beirates Karl-May-Haus im winzigen Garten hinter dem Gebäude. Von links nach rechts: Dr. sc. Hainer Plaul, Wolfgang Hallmann, Horst Richter, Prof. Dr. sc. Klaus Ludwig, Ekkehard Fröde, Dr. Christian Heermann, Hans-Dieter Steinmetz, aufgenommen am Gründungstag des Beirates (10. Oktober 1987)

weise, sichtbar gemacht. Der Beirat gibt auch Unterstützung bei der Werbung und der Beantwortung der aus Fach- wie aus Fankreisen einlaufenden Anfragen.

Gemeinsam mit der Karl-May-Gesellschaft wurde 1992 zum 150. Geburtstag Mays ein wissenschaftliches Symposium durchgeführt. 1999 fand der 15. Kongress dieser Gesellschaft in Hohenstein-Ernstthal statt.

Der Wissenschaftliche Beirat im Jahr 2007:

Andreas Barth, Dipl.-Bibl. (St. Egidien),
Jenny Florstedt, Buchhändlerin (Leipzig),
Wolfgang Hallmann, Dipl.-Ing. (Hohenstein-Ernstthal),
Manfred Hecker, Journalist (Taura bei Burgstädt),
Dr. Christian Heermann (Leipzig, Vorsitzender des Beirates),
Gerhard Klußmeier, Journalist (Rosengarten bei Hamburg),

Beiratsmitglieder am Karl-May-Denkmal anlässlich der 15. Wiederkehr der Gründung. Von links nach rechts: Jenny Florstedt, Dr. Christian Heermann, Jens Pompe, André Neubert, Wolfgang Hallmann, Hans-Dieter Steinmetz, Dr. sc. Hainer Plaul, Andreas Barth

Teilnehmer der Mitarbeitertagung der Karl-May-Gesellschaft während des Kongresses in Hohenstein-Ernstthal (September 1999)

André Neubert, Dipl.-Hist. (Hohenstein-Ernstthal, Leiter des Karl-May-Hauses),
Kerstin Orantek, Volljuristin (Hohenstein-Ernstthal),
Dr. sc. phil. Hainer Plaul (Lommatzsch),
Jens Pompe (Glauchau),
Hartmut Schmidt, Dipl.-Fachlehrer (Berlin),
Hans-Dieter Steinmetz, Hochschulingenieur (Dresden)

Nach 15 Jahren im schlichten Umschlag erhielt die „Karl-May-Haus Information" ab Heft 19 eine neue Einbandgestaltung.

INFORMATION

Nummer 1   Februar 1989

INFORMATION
Nummer 19

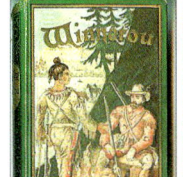
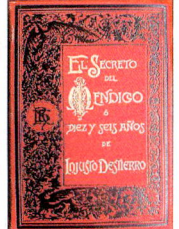

Aktuelles · May-Forschung · Aus dem Karl-May-Haus ·
Dokumente · Raritäten · Heimatkunde

Korrespondierende Mitglieder:
Dr. Meredith McClain, Associate Professor of German (Lubbock, Texas, USA),
Wesselin Radkov, Dipl.-Germanist (Sofia, Bulgarien).
Die Mitglieder des Beirates forschen schon seit Jahrzehnten zu Leben und Werk von Karl May und wurden durch entsprechende Publikationen und andere Aktivitäten auch in der Öffentlichkeit bekannt.

Die Karl-May-Haus Information

Seit Februar 1989 gibt der Wissenschaftliche Beirat die „Karl-May-Haus Information" heraus. Der Start erfolgte noch unter den restriktiven Bedingungen der DDR. Die Broschüre erscheint in zwangloser Folge im Umfang von etwa 70 bis 80 Seiten.

Der Wissenschaftliche Beirat orientiert vorrangig auf die Publikation und Kommentierung von Dokumenten sowie von anderen Funden zu Leben, Werk und Wirkung Karl Mays einschließlich damit zusammenhängender lokal- und regionalgeschichtlicher Neuigkeiten. Darüber hinaus werden auch regelmäßig Neuerscheinungen von Mays Werken und auf dem Gebiet der Sekundärliteratur vorgestellt.

Der angebliche Diebstahl einer Taschenuhr hatte eine Gefängnisstrafe und Berufsverbot für Karl May zur Folge (siehe S. 97).

Die Karl-May-Begegnungsstätte

Dass die Grundfläche des Karl-May-Geburtshauses als Wohn- und Arbeitsstätte einer armen Weberfamilie auf Dauer nicht den Ansprüchen eines modernen Museumsbetriebes entsprechen kann, war frühzeitig abzusehen. Umso erfreulicher der Umstand, dass am 25. Februar 2001 mit der Karl-May-Begegnungsstätte gegenüber dem Museum eine dem Karl-May-Haus zugeordnete Einrichtung ihrer Bestimmung übergeben wurde, mit der sich die nutzbare Grundfläche um rund 350 Quadratmeter erweiterte. Damit war es möglich, wesentliche Sekundärbereiche wie Bibliothek, Archiv und Fundus zur fachgerechten Bewahrung aller Objekte und Exponate auszubauen.

Der Beiname über dem Eingang „International Karl May Heritage Center" ist auf den Besuch des Karl-May-Symposiums in Lubbock (Texas/USA) durch Mitglieder des Wissenschaftlichen Beirates Karl-May-Haus im Jahr 2000 zurückzuführen: Dr. Heermann (Vorsitzender), André Neubert und Andreas Barth führten am Rande dieses Symposiums erste Gespräche für einen Vertrag über die Zusammenarbeit mit dem Apachen-Zentrum. Und so trägt

Eröffnung der Karl-May-Begegnungsstätte am 25. Februar 2001

Karl-May-
Begegnungs-
stätte

heute der Name sowohl dem internationalen Charakter der Einrichtung als auch der lebendigen Pflege des Erbes Karl Mays Rechnung. Viele internationale Gäste konnten seit Eröffnung begrüßt werden.

Die Wohnungsgesellschaft Hohenstein-Ernstthal mbH als Bauherr und Oberbürgermeister Erich Homilius unterstützten das Pro-

Unter-
zeichnung
des Part-
ner-
schafts-
vertrages
mit dem
Museum
der Mesca-
lero-Apa-
chen

jekt, das Wohnhaus Karl-May-Straße 51 zu einer musealen Begegnungsstätte auszubauen, in jeder Phase. Nach eingehenden Bera-
tungen wurde auf der Grundlage der Vorlage 9/10/2000 für die
10. öffentliche Sitzung des Stadtrates der Stadt Hohenstein-Ernstthal am 23. Mai 2000 vom Stadtrat beschlossen: 1. die Bestäti-
gung der Karl-May-Begegnungsstätte als „Gemeinbedarfs- und
Folgeeinrichtung" und 2. deren 25-jährige dingliche Nutzungssi-
cherung im Grundbuch. Das Bauvorhaben wurde vom Hohenstein-
Ernstthaler Architektenbüro Ulrich Kummer geplant und durchgeführt. Die meisten der zehn am Bau beteiligten Firmen kamen aus
Hohenstein-Ernstthal. Partner der Wohnungsgesellschaft war mit
dem Pachtvertrag vom 10. Juli 2000 zunächst die Interessengemeinschaft Karl-May-Haus e. V. An die Stelle der Interessengemeinschaft trat ab 1. Januar 2007 die Stadt Hohenstein-Ernstthal.

In der Karl-May-Begegnungsstätte treffen sich Anhänger des
Hohenstein-Ernstthaler Fabulierers zu Vorträgen und Veranstaltungen, die in Jahresprogrammen angekündigt werden. Genutzt
wird die Einrichtung zudem als Geschäftsstelle vom Silberbüchse e. V. – Förderverein Karl-May-Haus und vom Geschichtsverein
Hohenstein-Ernstthal e. V. Oft steht die Einrichtung im Blick der
Öffentlichkeit. So wurde hier am 2. November 2006 der Partner-
schaftsvertrag zwischen dem Karl-May-Haus und dem Museum
und Kulturzentrum der Mescalero-Apachen (New Mexico/USA)
feierlich unterzeichnet.

Veranstaltungsplakat „Karl May in Wort
und Bild": Prominente Gäste gehören
dazu.

Werner
Legère

Seit der Eröffnung gab es zahlreiche Sonderausstellungen, die anschließend als Wanderausstellungen deutschlandweit auch in anderen Museen präsentiert wurden. In die Dauerausstellung wurden das Arbeitszimmer von Werner Legère und die Dioramen-Schau „Literatur in Zinn – Karl May und seine Werke" integriert. Neben der Karl-May-Begegnungsstätte sorgen der Literaturgiebel und das 2006 eingerichtete Lapidarium, das kostenfrei zu besichtigen ist, für eine angenehme Atmosphäre. Der Literaturgiebel zeigt neben dem von Karl May noch Porträts von vier weiteren Autoren, die in Hohenstein oder Ernstthal geboren wurden – von Karl Heinrich Ludwig Pölitz (1772–1838), Gotthilf Heinrich von Schubert (1780–1860), Signor Saltarino (d. i. Hermann Waldemar Otto, 1863–1941) und Werner Legère (1912–1998).

Das Werner-Legère-Zimmer

S. 142:
Die Wissenschaftliche Bibliothek besitzt über 5000 Bände von und über Karl May.

Einen festen Platz im neuen Hause hat auch der Hohenstein-Ernstthaler Schriftsteller Werner Legère (1912–1998) gefunden. Sein Lebensweg war eng mit dem von Karl May verbunden – oft im Banne, manchmal aber auch im Schatten des berühmten Vorgängers.

Exakt 59 Tage nach dem Tode Karl Mays geboren und von Hans Zesewitz für dessen Werke begeistert, schrieb Legère schon als

Vierzig Dioramen zeigen Karl Mays Werke in Zinn.

Jugendlicher Erzählungen im Stil des von ihm verehrten Dichters. 1932 aus Anlass des 90. Geburtstags von Karl May wurde auf seine Anregung hin und mit ihm in der Titelrolle im Hotel „Drei Schwanen" in Hohenstein-Ernstthal „Winnetou" aufgeführt; für diese Inszenierung hatte Legère zudem einen Teil der Bühnenfassung geschrieben. Auch Mays Schwester Christiane Wilhelmine (Schöne) war am Gedenkabend anwesend. Im engen Kontakt mit dem Karl-May-Verlag plante Legère später sogar ein „Natur-

Blick in das Arbeitszimmer von Werner Legère

Dioramen zu den Werken
„Mein Leben und Streben",
„Winnetou II" und
„Im Reiche des silbernen Löwen IV"

„Auf fremden Pfaden"

„In den Kordilleren"

Der Literaturgiebel erinnert an
Hohenstein-Ernstthaler Schriftsteller.

theater" im Oberwald, in der Nähe der Karl-May-Höhle und des
Serpentinit-Steinbruchs; dieses Vorhaben scheiterte jedoch, wahrscheinlich durch den Ausbruch des Zweiten Weltkrieges.

Nach Absolvierung einer kaufmännischen Lehre, der Tätigkeit
als Stenotypist und Fremdsprachenkorrespondent sowie Kriegs-
dienst und Kriegsgefangenschaft erhielt Legère 1948 die Anerkennung als freischaffender Künstler. Zunächst dokumentierte er die
Hohenstein-Ernstthaler Stadtentwicklung fotografisch und verfasste Berichte über die Sachsenring-Rennen der Nachkriegsjahre.
Nachdem er 1953 mit „Ich war in Timbuktu", der Lebensgeschichte
von René Caillié, der 1827 als erster Europäer, sich als Moslem
ausgebend, die ferne afrikanische Stadt erreichte und auch lebend
wieder von dort zurückkehrte, einen beachtenswerten Erfolg
erzielt hatte, wurde er 1954 in den Schriftstellerverband der DDR
aufgenommen. Als weitere Werke Legères sind „Unter Korsaren
verschollen" (1955), „Schwester Florence" (1956, über Florence
Nightingale), „Die Verschwörung von Rio Cayado" (1956), „Der Ruf
von Castiglione" (1960, über die Gründung des Roten Kreuzes
durch Henry Dunant), „Stern aus Jakob" (1963, über den Freiheitskampf des jüdischen Volkes unter Bar Kochba), „Die Stiere von
Assur" (1969, über den Propheten Jesaja), „Der gefürchtete Gais-
mair" (1976, über den Tiroler Freiheitskampf 1525–1532) und „In
allen meinen Taten" (1982, über den Barock-Lyriker Paul Fleming)
zu nennen.

Die Protagonisten seiner spannenden und sehr detailreichen
Romane setzte Legère stets in einen historischen Kontext, den er

Ensemble Karl-May-Haus und Begegnungsstätte

zuvor akribisch recherchiert hatte, meist unter Zuhilfenahme fremdsprachiger Werke. Die Themen seiner Arbeiten waren ausnahmslos von humanistischen und christlichen Motiven geprägt. Einige Werke Legères durften gar nicht oder erst nach Jahren erscheinen; „Die Nacht von Santa Rita" über das Leben des Apachen-Häuptlings Mangas Coloradas wurde beispielsweise erst 1997 vom Karl-May-Verlag herausgegeben.

Nach der Verleihung des Kunstpreises 1961 und des Kulturpreises der DDR 1963 erhielt er 1988 die Verdienstmedaille der DDR. 1993 wurde Werner Legère der erste Ehrenbürger der Stadt Hohenstein-Ernstthal nach der Wiedervereinigung. Bis dahin betrug die Gesamtauflage seiner Werke rund 1,3 Millionen Exemplare mit nicht weniger als 77 Buchauflagen. Seine Bücher wurden in insgesamt sieben Sprachen übersetzt und erschienen als Lizenzausgaben vor 1990 auch außerhalb der DDR, u. a. in Italien und Österreich.

Sein Nachlass befindet sich nun im Karl-May-Haus Hohenstein-Ernstthal. In der Begegnungsstätte ist ein Ausstellungsraum mit seinem Arbeitszimmer eingerichtet worden.

Die Sonderausstellungen

Bereits zwei Jahre nach Eröffnung des Karl-May-Hauses wurde die ständige Exposition durch die erste Sonderausstellung ergänzt. Dieser Zeitpunkt war nicht zufällig gewählt, denn 1987 gab es zwei Jubiläen: Mays 145. Geburtstag und seinen 75. Todestag. Die beiden Eckdaten – 25. Februar und 30. März – setzten dann auch in den ersten Jahren den Zeitrahmen für die Dauer der Sonderausstellungen. Mehrfach wurde aber auch bei großem Zuschauer-

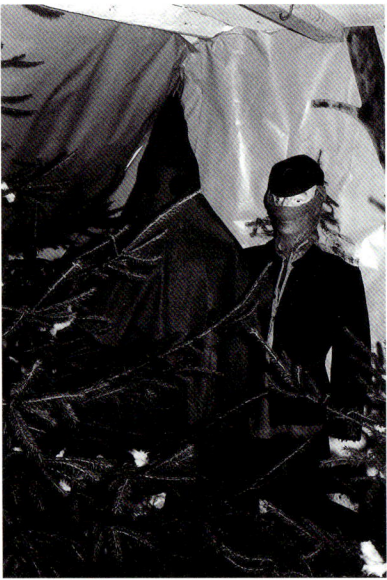

Sonderausstellung 1987: Szene (nachgestellt) aus dem Fernsehfilm „Das Buschgespenst"

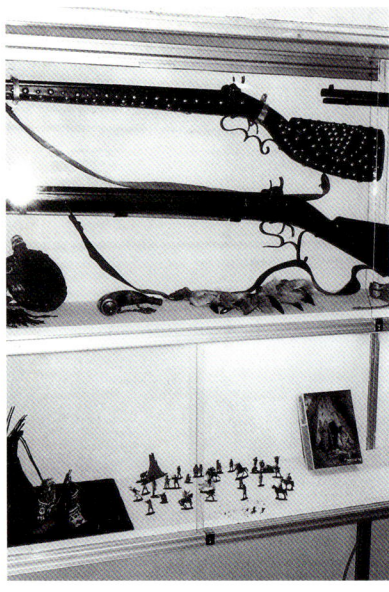

Sonderausstellung 1988 (Karl-May-Souvenirs): Nachbildungen von „Silberbüchse" und „Bärentöter" sowie Zinnfigurengruppe aus den 1930er Jahren

Sonderausstellung 1992 (Old Shatterhand aus Ardistan): Teile des alten Altars der St. Christophori-Kirche, vor dem Karl und Emma 1880 von Pfarrer Laube getraut wurden

Sonder-
ausstel-
lung 1993
(100 Jahre
Winnetou):
über Buch-
ausgaben
hinaus
dem „My-
thos Win-
netou" auf
der Spur

Stempel zur Sonderausstellung 1996 „Karl May im Spiegel der Briefmarke"

unten: Sonderausstellung 1994 (Karl Mays Orient), Gojko Mitič mit Preisträgern des Schüler-Zeichenwettbewerbes

interesse verlängert und vom 15. Dezember 1988 bis 8. Januar 1989 gab es aus aktuellem Anlass – zum DDR-Fernsehfilm „Präriejäger in Mexiko" – erstmalig eine zusätzliche Exposition. Konzeption und Vorbereitung der Sonderausstellungen lagen immer in den Händen des Wissenschaftlichen Beirates Karl-May-Haus. Bald erwiesen sich die engen Räume des Karl-May-Hauses als zu klein, sodass auf andere Orte ausgewichen wurde. So fand die 7. Sonderausstellung 1992 „Old Shatterhand aus Ardistan" im

Der Maler Klaus Dill und André Neubert beim Einrichten der Sonderausstellung „Karl May des Pinsels" (1995)

historischen Ballsaal der Gaststätte „Stadt Chemnitz" statt. Weitere Ausstellungsorte waren unter anderem das Textil- und Heimatmuseum sowie das Postgut in der Stadt.

1994 öffnete dann das Karl-May-Haus seine Pforten auch für Gastausstellungen: Peter Krauskopf und Thomas Range präsentierten ihre Fotoinszenierung „Karl May – Die Jagdgründe der Phantasie". Auch aus anderen Ländern wurden Gastausstellungen gezeigt. Erwähnt seien „Der Geist des Llano Estacado" der Texas Tech University Lubbock, Texas, USA vom 25. Februar bis 30. März 1996 oder die gemeinsame Exposition „Jonas Vadeikis – der erste litauische Karl-May-Übersetzer" mit dem Karl-May-Museum in Kélme, Litauen, vom 25. Februar bis 30. März 1996.

Ab 2001 wurden die Sonderausstellungen ausschließlich in der „Karl-May-Begegnungsstätte/International Karl May Heritage Center" präsentiert. Damit fanden Raumnot im engen Geburtshaus und das Ausweichen auf andere Orte ein Ende. Zum Auftakt, vom 25. Februar bis 30. März 2001, zeigte der Illustrator Gerhard Lahr Bilder zum Thema „Sie alle heißen Indianer".

Sonderausstellungen des Karl-May-Hauses konnten auch in anderen Städten dargeboten werden, zum Beispiel die Jubiläumsausstellung „90 Jahre Karl-May-Verlag". Sie wurde außer in Hohenstein-Ernstthal (25. Februar bis 30. März 2003) in der Bam-

Sonderausstellung 2001: Der Maler und Grafiker Gerhard Lahr präsentierte unter dem Titel „Sie alle heißen Indianer" seine Werke.

berger Buchhandlung Hübscher (11. bis 31. Juli 2003), in der Stadt-bibliothek Leipzig (19. Februar bis 7. April 2004), im Kulturhaus Gemünden am Main (23. April bis 23. Juni 2004), im Stadtmuseum Pforzheim (9. Juli bis 3. Oktober 2006) und im Stadtmuseum Bie-tigheim-Bissingen (8. Oktober 2006 bis 7. Januar 2007) den Besu-chern präsentiert.

Silberbüchse e. V. – Förderverein Karl-May-Haus

Zur erfolgreichen Museumsarbeit gehören neben den klassischen Aktivitäten Sammeln, Bewahren, Ausstellen auch Öffentlichkeitsarbeit sowie Veranstaltungen verschiedenster Art. Diese vielfältigen Aufgaben können nur durch Unterstützung von engagierten Karl-May-Freunden bewältigt werden, um den langfristigen Erhalt des Museums zu sichern. Der Wissenschaftliche Beirat des Museums regte deshalb schon im Jahr 2004 die Gründung eines Fördervereins an.

Am 25. Februar 2006, dem 164. Geburtstag Karl Mays, wurde der Silberbüchse e. V. – Förderverein Karl-May-Haus in Hohenstein-Ernstthal gegründet. Zum Vorsitzenden wurde der Schauspieler Peter Sodann aus Halle (Saale) gewählt. Der bekannte Tatort-Kommissar ist seit 60 Jahren Karl-May-Freund und setzt sich mit Rat und Tat für den Verein und dessen Ziele ein. Im Vorstand (2007) sind weiterhin: Andreas Barth (St. Egidien) – Geschäftsführer, Sandra Heinrich (Lichtenstein in Sachsen) – Schatzmeisterin,

Vorstand und zwei Revisoren des Silberbüchse e. V. am Karl-May-Denkmal (2006)

André Neubert (Leiter Karl-May-Haus), Erich Homilius (Oberbürgermeister) und Peter Sodann (Vorsitzender Silberbüchse e. V.) auf der Gründungsversammlung des Fördervereines (v. l. n. r.)

Tipi auf dem Gelände der Karl-May-Begegnungsstätte

Jenny Florstedt (Leipzig) – Schriftführerin, Henry Kreul (Hohenstein-Ernstthal) – Beisitzer und Kerstin Orantek (Hohenstein-Ernstthal) – Beisitzerin. Außerdem wurden zu Revisoren gewählt: Ramona Siebeck (Hohenstein-Ernstthal) und Mario Espig (Oberlungwitz). Der Silberbüchse e. V. ist als gemeinnütziger Verein ins Vereinsregister Hohenstein-Ernstthal eingetragen.

Klassisches Ziel eines jeden Museums-Fördervereins ist es, finanzielle Unterstützung zur Museumsarbeit zu gewähren. So möchte auch der Silberbüchse e. V. durch Mitgliedsbeiträge und die Einwerbung von Spenden die Umsetzung von Projekten ermöglichen, die allein mit den Mitteln des Museums nicht möglich wären. Mit der Mitgliedschaft im Förderverein haben Karl-May-Freunde aus nah und fern die Möglichkeit, ihre Verbundenheit mit Karl May und seinem Geburtsort zu zeigen und das Karl-May-Haus ideell und finanziell zu unterstützen.

Ein besonderes Ziel des Vereines ist es, wieder mehr junge Menschen an Karl May und seine Werke heranzuführen. Die veränderten Lesegewohnheiten in der heutigen Zeit haben dazu geführt, dass längst nicht mehr jeder Jugendliche die Romane des Autors kennt. Damit auch zukünftige Generationen mit den Namen Winnetou und Old Shatterhand etwas anfangen können und die positiven Werte, die Karl May vermitteln wollte – Frieden, Völkerverständigung und Gerechtigkeit –, aufgenommen werden, möchte der Verein das Lesen seiner Werke fördern und ihn im Bewusstsein der Menschen halten.

Peter Sodann mit der jüngsten Generation von Karl-May-Lesern

Innerhalb des ersten Jahres seines Bestehens konnte der Verein schon fast 100 Mitglieder aus ganz verschiedenen Teilen Deutschlands, aus Luxemburg, der Schweiz und Tschechien und den USA begrüßen. Alle an Leben, Werk und Wirken des Schriftstellers Interessierten, die das Karl-May-Haus aktiv unterstützen möchten oder auch nur die Verbundenheit mit Karl Mays Heimat über ihre Mitgliedschaft ausdrücken wollen, sind im Silberbüchse e. V. herzlich willkommen.

Silberbüchse e. V. – Förderverein Karl-May-Haus
Karl-May-Straße 54
09337 Hohenstein-Ernstthal
Tel: (0 37 23) 4 21 59
Fax: (0 37 23) 62 88 95
E-Mail: kontakt@silberbuechse.net
Internet: www.silberbuechse.net
Vorsitzender: Peter Sodann
Geschäftsführer: Andreas Barth

Rundgang durch Hohenstein–Ernstthal

Auf Initiative der Stadtverwaltung und des Fremdenverkehrsvereins Hohenstein-Ernstthal sind im Jahr 1995 einheitlich gestaltete Gedenktafeln an jenen Gebäuden angebracht worden, die entweder einen Bezug zu Ereignissen in Karl Mays Leben haben oder in anderem Zusammenhang an den Schriftsteller erinnern. Nachfolgend wird ein Vorschlag für einen individuellen Rundgang durch die Stadt unterbreitet, bei dem die wichtigsten Gedenkstätten am Weg liegen. Nicht mit einbezogen wird der Besuch der romantisch im Oberwald gelegenen Karl-May-Höhle, die Ziel einer gesonderten Wanderung sein sollte. Zur Orientierung kann die Wanderkarte „Auf den Spuren Karl May's" (Ausgabe 1992) herangezogen werden, die im Museums-Shop angeboten wird. Als Einstieg in den markierten Wanderweg zur Karl-May-Höhle empfiehlt es sich, das auf dem Weg von Mays Wohnung am Altmarkt zur Kirche St. Christophori (lfd. Nrn. 27 und 28) bergan abzweigende Wind-

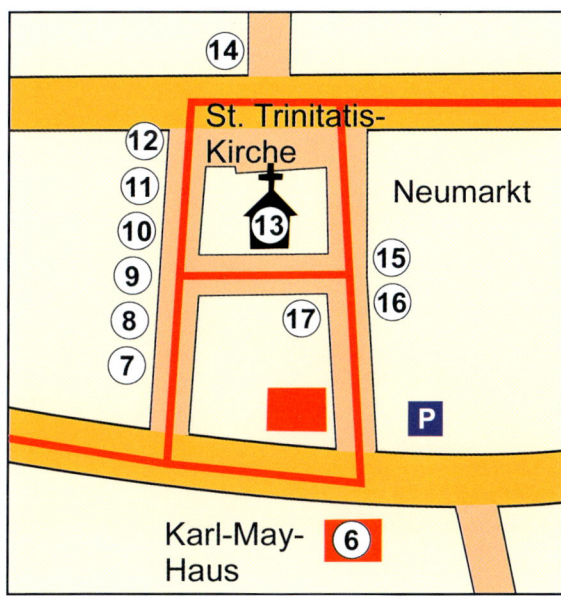

Rund um den
Ernstthaler Markt

mühlengässchen zu nehmen (Hinweisschild an der Ecke Hinrich-Wichern-Straße beachten). Ausführliche Informationen zu den May-Stätten in Hohenstein-Ernstthal enthält das Buch von Wolfgang Hallmann und Christian Heermann „Reisen zu Karl May" (Zwickau 1992, S. 75–122).

Ausgangspunkt: Bahnhof Hohenstein-Ernstthal

Wegstrecke:

Bahnhof–Rote Mühle: Am Bahnhof–Bahnunterquerung–linker Hand Textil- und Rennsportmuseum–Schützenstraße, bis Ende (links Schützenhaus)–Zufahrtsweg bei der Firma SELL A+L Anlagenbau & Haustechnik (bergab) zur Roten Mühle (etwa 10 Min.)

Rote Mühle–Karl-May-Haus: zurück zur Schützenstraße–Logenstraße, rechter Hand Sportplatz–Lungwitzer Straße (bergan) bis Einmündung Karl-May-Straße–Karl-May-Straße–Karl-May-Haus (etwa 10 Min.)

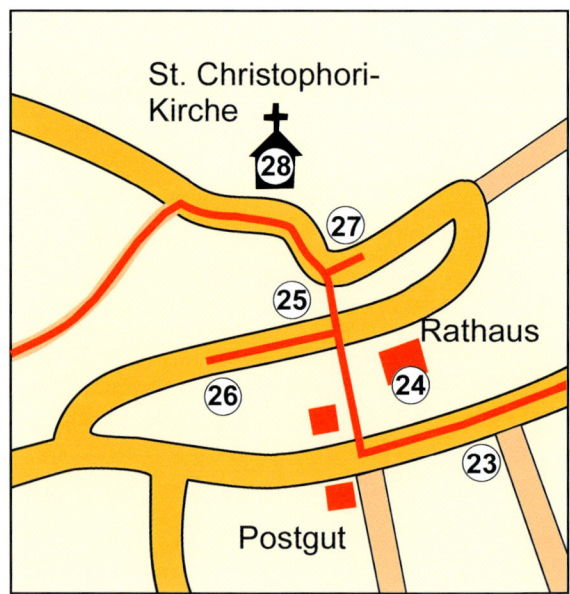

Rund um den Hohensteiner Markt

Am Karl-May-Stein laden Old Shatterhand und Winnetou zum Museumsbesuch ein.

Karl-May-Haus–Ernstthaler Schützenhaus: Karl-May-Straße–Marktstraße–Neumarkt (Westseite–Nordseite–Ostseite–Südseite)–Pölitzstraße bis Ende–Schützenhaus (etwa 15 Min.)

Ernstthaler Schützenhaus–Kirche St. Christophori: Pölitzstraße zurück bis Einmündung Hohe Straße–Hohe Straße, der Fuchsgrund rechter Hand, bis Kreuzung Kroatenweg–Hohe Straße über Kreuzung Neue Straße und Einmündung Bergstraße hinaus bis Ende–Dresdner Straße bis Nr. 57–Abstecher zur Kegelbahn an der Karlstraße über das Meißnergässchen (bergan)–Dresdner Straße bis Einmündung Schulstraße (Abstecher zur Buchhandlung)–Dresdner Straße–Altmarkt (Südseite–Westseite)–Abstecher in die Lichtensteiner Straße–Altmarkt (Nordseite)–Kirche St. Christophori (etwa 55 Min.)

Kirche St. Christophori–Bahnhof: Hinrich-Wichern-Straße–Poetengässchen (bergab)–Paul-Greifzu-Straße (bergab)–Schillerstraße bis Kreuzung Conrad-Clauß-Straße–Schillerstraße bis Am Bahnhof–Bahnhof (etwa 20 Min.)

Hinweis: Die Zeitangaben beziehen sich nur auf die Wegstrecke ohne Aufenthalte.

(1) Bahnhof Hohenstein-Ernstthal. Als Kind war Karl May in den Jahren 1855 bis 1858 Augenzeuge des Baues der Bahnstrecke Chemnitz–Zwickau. Das Bahnhofsgebäude, in dem sich von 1860 bis 1887 das Postamt befand, betrat er mit seinen Manuskriptsendungen öfters, hier begannen und endeten auch seine Bahnreisen.

(2) Rote Mühle. In seiner Kindheit bettelte Karl May hier um *„einige Handvoll Beutelstaub und Spelzenabfall"*, sicherlich war die Umgebung auch ein gern besuchter Tummelplatz der Ernstthaler Kinder. In den 1870er Jahren gehörte die Müllerstochter zu Mays engerem Freundeskreis.

(3) Karl-May-Stein (Ecke Karl-May-Straße/Lungwitzer Straße). Einweihung 1942 im Fuchsgrund anlässlich von Mays 100. Geburtstag als Mittelpunkt eines geplanten Karl-May-Parks, der jedoch nicht realisiert worden ist. 1985 erfolgte die Sicherstellung des Gedenksteines und 1989 die Aufstellung nach erfolgter Restaurierung an seinem heutigen Standort. Die Großflächen-Werbung für das Karl-May-Haus an der benachbarten Giebelwand ist 1998 gestaltet worden.

(4) Gerichtsamt Hohenstein-Ernstthal (Lungwitzer Straße 39). In dem zuvor ab 1836 als Webermeisterhaus genutzten Gebäude wirkte der Schüler May bei einer Theateraufführung mit. Nach

Ehemaliges Gerichtsamt Hohenstein-Ernstthal

Eingang zum ehemaligen Vereinslokal des Gesangvereins
„Lyra"

seiner Verhaftung (2. Juli 1869) ist May hier für wenige Stunden
bis zum Weitertransport nach Mittweida festgesetzt worden. Im
Gerichtsgefängnis verbüßte er im September 1879 seine letzte
Haftstrafe.

Ernstthaler Markt (um 1860). Von rechts: Pfarrhaus, Kantorat, Selbmann-Haus, Gasthaus „Stadt Glauchau", Knobloch-Haus, Kirche St. Trinitatis

Karl-May-Haus

(5) Vereinslokal des Gesangvereins „Lyra" (Karl-May-Straße 38). Karl May textete und komponierte für den Chor, den er nach eigenen Angaben 1863/64 geleitet haben will.

(6) Karl-May-Haus (Karl-May-Straße 54). Hier wurde Karl May am 25. Februar 1842 geboren.

(7) Standort Altes Webermeisterhaus (Marktstraße 1). Ab 1837 wurde es als Schulgebäude genutzt, in dem Karl May die ersten Schuljahre besuchte. In dem nach dem Brand von 1898 (er vernichtete auch die Häuser Neumarkt 15–18, Neubebauung um 1900) errichteten Wohnhaus wohnte von 1919 bis 1945 eine Schwester Mays, die Hebamme Karoline Wilhelmine Selbmann.

(8) Standort Haus des Webermeisters Carl August Knobloch (Neumarkt 16). Hier wohnte die Familie May ab 1845 auf unbestimmte Zeit zur Miete, nachdem das Haus in der Niedergasse verkauft worden war.

(9) Standort Gasthaus „Stadt Glauchau" (Neumarkt 17). In der Notzeit erbat sich die Familie May vom Wirt *„des Mittags die Kar-*

Standort des Gasthauses „Stadt Glauchau" (Neubau 1898)

Standort des Hauses des
Webermeisters
Carl Heinrich Selbmann
(Neubau 1900)

*toffelschalen aus, um die wenigen Brocken (...) zu einer Hunger-
suppe zu verwenden."*

(10) Standort Haus des Webermeisters Carl Heinrich Selbmann
(Neumarkt 18). Selbmann war ein Schwager Karl Mays. Die Familie May lebte hier spätestens ab Anfang der sechziger Jahre. Bei
seinen Eltern wohnte Karl May mit Unterbrechungen (Tätigkeit in
Dresden und Wohnung im Pollmer-Haus) bis zu seiner Heirat
(1880), hier starben später die Eltern des Schriftstellers.

(11) Kantorat (Neumarkt 19). Als Knabe kam Karl May fast täglich
in dieses Haus, da ihn Kantor Samuel Friedrich Strauch in seiner
Wohnung im ersten Stock in Harmonielehre und Klavierspiel
unterrichtete, auch besuchte May hier im Erdgeschoss einige Zeit
einen weiteren Unterrichtsraum der Ernstthaler Schule.

Kantorat

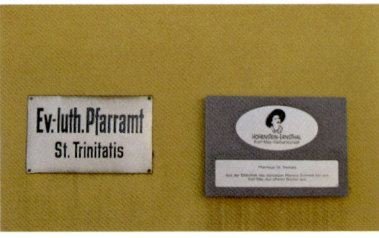

Pfarrhaus St. Trinitatis

(12) Pfarrhaus (Neumarkt 20). Durch Pfarrer Karl Hermann Schmidts Befürwortung von Mays Gnadengesuch an das Kultusministerium (1860) erhielt der Seminarist die Genehmigung, seine unterbrochene Ausbildung in Plauen erfolgreich fortzusetzen; auch bei anderen Gelegenheiten unterstützte der Seelsorger den Nachbarjungen.

(13) Kirche St. Trinitatis (Neumarkt). In dem Gotteshaus wurde Karl May 1842 getauft und im Jahr 1856 konfirmiert. Auf den Eingangsstufen hat er, folgt man seiner Autobiografie, als Schuljunge gesessen und den anderen Kindern Geschichten erzählt. In der Kirche war er Kurrendesänger und wurde vom Kantor Strauch im Orgelspiel unterrichtet. An der Südseite steht seit 1992 das Denkmal mit der Karl-May-Büste von Wilfried Fitzenreiter.

Kirche
St. Trinitatis

Pierre Brice am
Karl-May-Denkmal,
1992

(14) Haus des Kaufmanns Friedrich Wilhelm Layritz (Neumarkt 2),
der in die Humoreske „Im Wollteufel" (1876) als *„reicher Layritz"*
einging und von May in seiner Autobiografie als Geizhals charak-
terisiert wurde; die Familie May gehörte mit Sicherheit zu seinem
Kundenkreis.

(15) Standort Ernstthaler Rathaus (Neumarkt 9). In dem 1886
abgerissenen Gebäude befand sich neben den Verwaltungsräumen
auch das „Gasthaus zur Tanne". Nach seiner Entlassung aus Waldheim musste sich May wegen der Polizeiaufsicht regelmäßig beim
Ortswachtmeister melden, hier wurde 1880 die Ehe mit Emma
Pollmer vom Bürgermeister und Standesbeamten Lorenz geschlossen.

(16) Haus des Schmiedemeisters Christian Friedrich Weißpflog
(Mittelstraße 1). Bis zum Neubau des Rathauses bestand zwischen
beiden Häusern eine Toreinfahrt, die zur Schmiede führte. Bei seinem Taufpaten, der ihm 1880 auch als Trauzeuge zur Verfügung
stand, hielt sich Karl May in der Kindheit oft auf. Spätere Besu-
che galten sowohl dem Schmied als auch seiner Schwester
Auguste Wilhelmine Hoppe, die hier etwa von 1869 bis 1873
wohnte.

(17) Haus des Schmiedemeisters Carl August Gräßler (Neumarkt 11). Gräßlers Schwester Auguste, ein in Raschau gebürtiges und in Schwarzenberg angestelltes Dienstmädchen, lernte May nach seiner Entlassung aus dem Arbeitshaus Zwickau kennen. Auguste wurde seine Geliebte und gewährte ihm, als ihn die Polizei bereits steckbrieflich suchte, im Frühjahr 1869 Unterschlupf.

(18) Altes Ernstthaler Schützenhaus (Pölitzstraße 87). In dem 1861 errichteten Schützenhaus-Saal (1884 abgebrannt) trat Karl May im Januar 1863 während einer „musikalisch-deklamatorischen Abendunterhaltung" mit einem Terzett auf.

Neben dem Ernstthaler Rathaus (Gasthaus zur Tanne) befand sich die Zufahrt zur Schmiede von Mays Paten Christian Friedrich Weißpflog.

Kegelbahn der Schankwirtschaft
Engelhardt

(19) Standort des Hauses der „Märchengroßmutter" (Bergstraße/
westwärtige Ecke Hohe Straße). Nach Mays Beschreibung muss
seine Großmutter Johanne Christiane Kretzschmar, die ihm die
Welt der Märchen erschloss, am oberen Ende des Leichenweges
(Bergstraße) gewohnt haben: *„Die Armut erlaubte ihr nur das bil-
ligste Wohnen. Das Fenster ihrer Stube zeigte nur den Gottesacker,
weiter nichts."*

(20) Schankwirtschaft Engelhardt (Dresdner Straße 57), später
Gasthaus „Stadt Dresden". In der angeschlossenen umfangreichen
Leihbibliothek bekam der zwölfjährige Karl May kostenlosen
Zugriff auf die zeitgenössische Trivialliteratur, während er gegen
ein geringes Entgelt in der nach Norden das Grundstück begren-
zenden

(21) Kegelbahn (an der Karlstraße) als Kegelaufsetzer aushalf.
Anfang Juli 1869 wurde der mit Steckbrief gesuchte May in diesem Kegelschub entdeckt und durch einen herbeigerufenen Gen-
darm verhaftet.

(22) Buchhandlung Zimmermann (Schulstraße 8). In der Buchhandlung von Gustav Adolph Zimmermann (seit 1882 in diesem
Gebäude) erwarb Karl May bis zum Frühjahr 1883 Quellenwerke
für seine Reiseerzählungen.

(23) Gasthaus „Zu den drei Schwanen" (Altmarkt 19), heutiger Bau
aus dem Jahr 1882. Auf eine Anzeige seines Stubengenossen in
Altchemnitz wurde Karl May zu Weihnachten 1861 im Gasthaus

beim Billardspiel verhaftet (Version Rudolf Lebius). Im März 1863 trat May bei einer „musikalisch-deklamatorischen Abendunterhaltung" als Rezitator auf. Hier wohnte Karl May, als er der Hauptverhandlung (9. August 1910) seiner Privatklage gegen den Gartenarbeiter Krügel am hiesigen Kgl. Amtsgericht beiwohnte.

Ehemalige Buchhandlung Zimmermann

Rathaus
auf dem
Hohenstei-
ner Markt

Hotel „Zu
den drei
Schwanen"

Das Stadtwappen über dem Portal des Hohensteiner Rathauses erinnert an den Zusammen-
schluss der beiden Städte.

(24) Rathaus (Altmarkt). Nach seiner Verhaftung zu Weihnachten
1861 wurde May in der im Gebäude untergebrachten Gendarmerie-
station verhört. Im März 1863 beteiligte er sich im Ratssaal an einer weiteren „musikalisch-deklamatorischen Abendunterhaltung".

(25) Wohnung des Barbiers Christian Gotthilf Pollmer (Altmarkt 33). Zwischen 1876 und 1880 lebte Karl May zeitweise mit
in der Wohnung des Großvaters seiner späteren Frau Emma.

Brunnen
„Kalte
Hedwig"

Blick zum
Erzgebirge

(26) Wohnung der Schwester Christiane Wilhelmine Schöne (Lichtensteiner Straße 9). Hier lernte Karl May im Sommer 1876 seine spätere Frau Emma Pollmer kennen.

(27) Wohnung Karl Mays 1880–1883 (Altmarkt 2ˈ). Hier schuf Karl May wesentliche Teile des Orientzyklus sowie den Beginn des Lieferungsromans „Das Waldröschen".

(28) Kirche St. Christophori (Hinrich-Wichern-Straße). Hier wurden am 12. September 1880 Karl May und Emma Pollmer getraut.

(29) Wohnung von Hans Zesewitz (Schillerstraße 12). Der verdienstvolle Lehrer, Stadtbibliothekar und Begründer der biografischen May-Forschung lebte hier bis zu seinem Tod im Jahr 1976.

An der Westseite des Hohensteiner Marktes steht das Pollmer-Haus (unten: Aufnahme um 1875, linkes Gebäude).

Pfarrhaus und Kirche St. Christophori

Wohnhaus Karl Mays
(1880–1883) an der Nord-
seite des Hohensteiner
Marktes

Im Postgut präsentierte das Karl-May-Haus in den 1990er Jahren Sonderausstellungen.

(30) Kgl. Amtsgericht (Conrad-Clauß-Straße 22). In dem 1905 errichteten Gebäude fand am 9. August 1910 die Hauptverhandlung
der Privatklage Mays gegen den Gartenarbeiter Krügel wegen
Beleidigung statt, die mit einem Vergleich endete.
Mitte Dezember 1910 schloss der Schriftsteller einen außerge-
richtlichen Vergleich mit dem Verleger des „Hohenstein-Ernstthaler Tageblattes", Dr. Alban Frisch, und zog daraufhin persönlich im
Amtsgericht seine Privatklage zurück.

Eingang des ehemaligen
Kgl. Amtsgerichtes

Summary

Karl May was born on February 25, 1842, in the town of Ernst-thal, Saxony, about 50 miles west of Dresden. In 1898, this town, home mostly to textile workers, was merged with the slightly larger neighboring town of Hohenstein to form Hohenstein-Ernst-thal.

Large families were not unusual at the time and May was the fifth of altogether 14 children, although 9 of his siblings died in infancy. He remained the only surviving son. A few years after his birth, May's mother, Christiane Wilhelmine (1817–1885), attended a medical training course at Dresden to become a midwife. Later, the local council appointed her official midwife of her hometown. His father, Heinrich August May (1810–1888), was a home weaver who worked for a textile manufacturer. From 1848 to 1856, Karl May attended the local primary school and then the teachers' col-lege at nearby Waldenburg. Although he had been expelled from the college for misconduct in 1860, a year later he was allowed to complete his studies at Plauen in the Saxon county of Vogt-land.

Following his graduation he became a teacher at a school for the poor in Glauchau, although he was dismissed after only a few weeks on the grounds of indecent behavior. Nevertheless, he soon was appointed to the position of factory school teacher at Altchemnitz (now part of Chemnitz). In 1862, he was accused of larceny and sentenced to six weeks imprisonment, and he was therefore no longer entitled to teach at state or municipal schools. He then attempted to earn his living as a private tutor, a reciter of texts and a choir director. It is possible he also engaged in his first literary efforts at this time.

Between 1864 and 1865, due to economic hardship and emo-tional distress, he committed several instances of fraud for which he was sentenced to four years imprisonment, which he served between 1865 and 1868. He was incarcerated in the house of cor-rections in Zwickau, where conditions were relatively humane, considering most 19th-century penal environments. This turned out to be quite fortuitous in terms of his efforts to educate himself and become a writer. He had a number of promising contacts with the Dresden publisher Heinrich Gotthold Münchmeyer (1836 to 1892). After being released early for good conduct, he tried hard to live an exemplary life, yet ultimately fell once again into criminal behavior.

He attempted to run from the law and used, among other locations, a closed mining pit as his hideout. Today, it is named after him (Karl May Cave) and can still be visited. Before long, in July 1869, he was arrested, but managed to escape and leave his native country, the Kingdom of Saxony. It was not until the beginning of 1870 that he was caught in Bohemia (then part of the Austrian Empire, now the Czech Republic) and extradited to Saxony, where he was sentenced to four years of hard labor. He served this sentence from 1870 to 1874 at Waldheim prison. As a repeat felon he was denied any chance of being pardoned.

About one year after his release, he finally found employment, as he had long wanted, as an editor at the Münchmeyer publishing house. From 1875 to 1877 he worked at Münchmeyer, editing three magazines. For about one year he worked for another Dresden publisher before becoming a freelance writer, an occupation he pursued until his death. In the mid 1870s he met his later bride, Emma Pollmer (1856–1917), in Hohenstein. They married in 1880.

In connection with their courtship he clashed with the law once again. After Pollmer's uncle died a mysterious death, May made unauthorized investigations, interrogating possible witnesses while pretending to be a high-ranking civil servant. He was sentenced to three weeks imprisonment in 1879 as a result. At the same time, however, he was able to publish his first two books, the adventure story *In the Far West* and, for young readers, an adaptation of the novel *The Path-Finder* by Frenchman Gabriel Ferry (1809–1852).

He also succeeded in establishing his first long-term connection with a publishing house. In the magazine *German Family Treasure*, put out by the Catholic publisher Friedrich Pustet (1831–1902), May published some of his best-known travel stories, set in the Ottoman

Empire. Between 1887 and 1897 he also maintained contact with publisher Wilhelm Spemann (1844–1910), who edited a popular magazine for boys entitled *The Good Comrade*, in which May's adventure stories for young people first appeared. Beginning in 1890, a number of tales, among them *The Son of the Bear Hunter*, *The Treasure in Lake Silbersee*, *The Petroleum Prince* and *The Black Mustang*, were also issued in book form.

May had also got in touch again with his first publisher, Münchmeyer. Between 1882 and 1888 he wrote five extended, serialized novels for Münchmeyer, either anonymously or pseudonymously, including *Little Forest Rose or Persecution Around the World*, *The Prodigal Son* and *Trail to Fortune*.

In 1892 Friedrich Ernst Fehsenfeld (1853–1933) began to republish novels from various journals, particularly from *German Family Treasure*. He created a series called *Carl May's Collected Novels of Travel*, which brought about the author's literary breakthrough. With it, his works began to be translated into foreign languages.

As these novels were written in the first person, his readers soon got the mistaken impression that May was describing his own adventures in all parts of the globe. He had his picture taken wearing the fancy dress of his fictional alter egos Old Shatterhand and Kara Ben Nemsi (Arabic for "Charles, son of the Germans"). These photographs, distributed on postcards, only reinforced readers' erroneous impressions.

His literary success brought prosperity, and he was able to buy an impressive mansion in Radebeul near Dresden, which he named Villa "Shatterhand". Today, this building houses the second museum dedicated to May's life. Prosperity also meant he was able to travel in reality, not only through his fiction. In 1899 and 1900, his first extended travels outside Europe took him to Egypt, Syria, Palestine, Eritrea, Yemen, Ceylon, Sumatra, Turkey and Greece. During the journey he suffered a severe mental crisis. He began questioning all of his literary efforts and set himself a new, ambitious goal. Following the ideas presented in the Sermon on the Mount and advanced during the Enlightenment in Europe, he wanted to make an explicit contribution to the ennoblement of the human race and to the humanization of society. To demonstrate this, he asked the well-known painter Sascha Schneider (1870–1927) to create new, symbolist cover illustrations for his books.

On another front, disaster struck. The Münchmeyer publishing house had been sold and with it the serialized novels May had written some 20 years before. The new owner reissued them under the real name of the now famous author. Novels of that kind were considered to be second-rate literature, and suddenly May found himself accused of being a literary fraud. Not only was he criticized in the press, he was also party to a number of lawsuits. In 1903, his deteriorating marriage to Pollmer ended in divorce. He then married Klara Plöhn (1864–1944), the young widow of Richard Plöhn (1853–1901), a friend of many years. Together with Klara, he undertook his second journey abroad, in the autumn of 1908, when they spent three months sightseeing in the northeastern United States and in Canada. They never made it to the continent's West or Southwest, where most of his American tales are set.

At home, the situation became increasingly dangerous. In 1907, a number of Social Democrats filed a lawsuit against Rudolf Lebius (1868–1946), a journalist and employer-friendly trade union functionary, and called May as a witness, since he had had a number of problematic encounters with Lebius. To exclude this witness, Lebius made inquiries about May and uncovered his criminal record. When he labeled May a "born criminal" the latter took legal action. In 1910, however, a Berlin court found Lebius not guilty of having asserted his just interests. The acquittal had terrible consequences for May, causing a total breakdown.

On the other hand, the popular author also had proponents and supporters, above all avant-garde intellectuals, in addition to Social Democrats and his literary acquaintances. A group of supporters invited May to Vienna to hold a public lecture, where he was able to defend himself and explain his intentions and literary goals. "Upwards to the Realm of Noble-Minded Mankind" was the ambitious topic he had chosen. Among those present on March 22, 1912, was the recipient of the 1905 Nobel Peace Prize, pacifist Berta von Suttner (1843–1914), whom he knew personally.

Only eight days after this extremely successful lecture, on March 30, 1912, Karl May died of acute heart failure in his Radebeul home. He was buried on April 3, 1912.

In 1913 a new publishing house was founded under the name Karl May Verlag. In partnership with Fehsenfeld, it gradually acquired the rights to all of May's writings, with the collected works proving a resounding success.

Today, it is estimated that some 100 million copies of May's books have been sold in German-speaking countries alone. His works have also been translated into more than 40 languages – justification enough to call him one of the most popular German writers of all time.

Impressum

Karl-May-Haus Hohenstein-Ernstthal
Sächsische Museen · Band 20

Herausgeber
Freistaat Sachsen
Sächsische Landesstelle für Museumswesen
Direktorin: Katja Margarethe Mieth
Schloßstraße 27, 09111 Chemnitz
Telefon: (0371) 26 21 23 0, Fax: (0371) 26 21 23 10
E-mail: info@slfm.smwk.sachsen.de; http://museumswesen.smwk.sachsen.de

▨ KARL MAY HAUS · Karl-May-Haus Hohenstein-Ernstthal
Museumsleiter: Dipl.-Hist. André Neubert
Karl-May-Straße 54, 09337 Hohenstein-Ernstthal
Telefon/Fax: (0 37 23) 4 21 59
E-Mail: karl-may-haus@t-online.de; http://www.karl-may-haus.de

Autoren
Der Katalog wurde von einer Autorengruppe des Wissenschaftlichen Beirates Karl-May-Haus ver-
fasst. Ihr gehörten Mario Espig (Abschnitt 11), Wolfgang Hallmann (1, 4, 7 Zesewitz), Dr. Chris-
tian Heermann (8), André Neubert (1, 2, 9), Kerstin Orantek (9 Legère), Dr. sc. phil. Hainer Plaul
(6, 7 Streller, dt. Vorlage für Summary), Jens Pompe (5), Hartmut Schmidt (7 Stärz, 10) und Hans-
Dieter Steinmetz (5, 12) an. Alle Übersetzungen ins Englische (3, 13) führten Andreas Barth und
Max U. Wirz aus. Zusammenstellung: Hans-Dieter Steinmetz. Druckvorlagen: Gerhard Klußmeier,
Hans-Dieter Steinmetz.

Bildnachweis (Aufnahmen/Reproduktionen)
Karl-May-Haus Hohenstein-Ernstthal (wenn nicht anders angegeben)
Titel, Frontispiz, S. 19–24, 27, 39, 138, 140, 144–146, 165–169, 171, 173–175, 177, 178, 183:
J. Stekovics – S. 17, 18, 30, 33, 38, 40, 142, 159–161: A. Tittmann – S. 9, 10, 12–14, 16, 130,
132, 134, 135, 173: W. Hallmann – S. 14: Stadtarchiv Hohenstein-Ernstthal – S. 20, 137:
H. Kühne – S. 26: J. Florstedt – S. 28, 32, 147–149, 155, 156: M. Espig – S. 89, 92–100, 103,
106, 110, 120: H. Plaul – 91, 100, 108, 112–114, 116, 118, 122, 127: Karl-May-Verlag Bamberg
– S. 96: Vogtlandmuseum Plauen – S. 101: Stadtarchiv Waldheim – S. 104, 105, 108, 111, 119,
120, 125, 126, 128, 162–164, 170–173, 176, 178: G. Klußmeier – S. 107: H. Neumann + – S. 136,
139: H.-D. Steinmetz – S. 139: M. Müller – S. 140: A. Kretschel – S. 143: F. Halank – S. 150, 151,
154: H. Schmidt – S. 152: St. Wagner

Bibliografische Information Der Deutschen Bibliothek
Die Deutsche Bibliothek verzeichnet diese Publikation in der Deutschen Nationalbibliografie;
detaillierte bibliografische Daten sind im Internet über http://dnb.ddb.de abrufbar.

Redaktionsschluss: 30. September 2007
Redaktion: Dr. Christian Heermann
Titelfoto: Winnetou-Büste des Münchener Künstlers Vittorio Güttner im Karl-May-Haus
Umschlag Rückseite: Chinesische Buchausgabe von „Der Schut" (Beijing, 1999)
Frontispiz: Karl-May-Denkmal auf dem Neumarkt (Wilfried Fitzenreiter, 1992)
Lektorat: Katrin Greiner, **Satz, Layout:** Hans-Jürgen Paasch
Gestaltung, Gesamtherstellung: VERLAG JANOS STEKOVICS
Straße des Friedens 10, 06198 Dößel
Telefon: (034607) 2 10 88, Fax: (034607) 2 12 03
E-mail: steko@steko.net; http://www.steko.net